THOMAS GAWRON

Problemfall Chef

AF002022

Thomas Gawron

Problemfall Chef

Edition Wissenschaft & Praxis

Bibliografische Information der Deutschen Nationalbibliothek

Die Deutsche Nationalbibliothek verzeichnet diese Publikation in
der Deutschen Nationalbibliografie; detaillierte bibliografische Daten
sind im Internet über http://dnb.d-nb.de abrufbar.

Umschlagbild: © Yutthana Gaetgeaw – iStock

Alle Rechte vorbehalten
© 2024 Edition Wissenschaft & Praxis
bei Duncker & Humblot GmbH, Berlin
Satz: L101 Mediengestaltung, Fürstenwalde
Druck: CPI Books GmbH, Leck
Printed in Germany

ISBN 978-3-89673-791-5 (Print)
ISBN 978-3-89644-299-4 (E-Book)

Gedruckt auf alterungsbeständigem (säurefreiem) Papier
entsprechend ISO 9706 ♾

Internet: http://www.duncker-humblot.de

*Behandle die Menschen so, als wären sie, was sie sein sollten,
und du hilfst ihnen zu werden, was sie sein können!*

Johann Wolfgang von Goethe

Inhaltsverzeichnis

1. Vorwort 11
2. Die digitale Transformation produziert nervige Chefs 14
   2.1 Warum Chefs heute mehr nerven als früher 14
   2.2 Was Sie gegen nervige Chefs selbst tun können................. 24
3. 20 Erfolgsrezepte zum effektiven Umgang mit nervigen Chefs 27
   3.1 Verstehen Sie Ihren Chef 27
      3.1.1 Erfolgsrezept 1: Verstehen Sie sein *Aussehen*!............... 27
      3.1.2 Erfolgsrezept 2: Verstehen Sie sein *Fachwissen*!............ 32
      3.1.3 Erfolgsrezept 3: Verstehen Sie seine *Sozialkompetenz*! 37
      3.1.4 Erfolgsrezept 4: Verstehen Sie seine *Handlungskompetenz*! 46
      3.1.5 Erfolgsrezept 5: Verstehen Sie seine *Personale Kompetenz*!.... 55
      3.1.6 Erfolgsrezept 6: Verstehen Sie seine *Interessen*! 65
      3.1.7 Erfolgsrezept 7: Verstehen Sie seine *Motivation*! 72
      3.1.8 Erfolgsrezept 8: Verstehen Sie seine *Rahmenbedingungen*! 77
      3.1.9 Erfolgsrezept 9: Verstehen Sie Seine *Erwartungen*! 86
      3.1.10 Erfolgsrezept 10: Verstehen Sie sein *Auftreten*! 88
   3.2. Fordern Sie Ihren Chef 95
      3.2.1 Erfolgsrezept 11: Fordern Sie *Kommunikation*! 95
      3.2.2 Erfolgsrezept 12: Fordern Sie *Entscheidungen*! 97
      3.2.3 Erfolgsrezept 13: Fordern Sie *Vertrauen*!................... 99
      3.2.4 Erfolgsrezept 14: Fordern Sie *Freiheiten*! 102
      3.2.5 Erfolgsrezept 15: Fordern Sie *Kreativität*! 105
      3.2.6 Erfolgsrezept 16: Fordern Sie *Zeit*! 107
      3.2.7 Erfolgsrezept 17: Fordern Sie *Ziele*! 109
   3.3 Fördern sie Ihren Chef 112
      3.3.1 Erfolgsrezept 18: Fördern Sie seine *Performance*! 112
      3.3.2 Erfolgsrezept 19: Fördern Sie sein *Ansehen*! 117
      3.3.3 Erfolgsrezept 20: Fördern Sie seine *Karriere*! 118
4. So gehen Sie ab sofort mit nervigen Chefs um 120
   4.1 Sie sind am Zug! 120
   4.2 Ihr persönlicher 5-Minuten-Check............................ 122
   4.3 Ihr persönlicher 5-Minuten-Plan 125
      4.3.1 Handlungsfelder festlegen! 125
      4.3.2 Maßnahmen ableiten! 126
   4.4 Ein Anwendungsbeispiel 127

5. Ihr Workbook	136
6. Nachwort	139
Sachwortregister	140

Abbildungsverzeichnis

Abbildung 1:	So gehen Sie ab sofort mit nervigen Chefs um	121
Abbildung 2:	Mein persönlicher 5-Minuten-Check	123
Abbildung 3:	Mein persönlicher 5-Minuten-Plan – Handlungsfelder festlegen	125
Abbildung 4:	Mein persönlicher 5-Minuten-Plan – Maßnahmen ableiten	127
Abbildung 5:	Mein persönlicher 5-Minuten-Check – Beispiel	130
Abbildung 6:	Mein persönlicher 5-Minuten-Check – Handlungsfelder	131
Abbildung 7:	Mein persönlicher 5-Minuten-Plan – Beispiel	135
Abbildung 8:	Workbook – Arbeitsblatt (1)	136
Abbildung 9:	Workbook – Arbeitsblatt (2)	137
Abbildung 10:	Workbook – Arbeitsblatt (3)	138

Mein Chef macht mich wahnsinnig!

1. Vorwort

Es gibt gute Chefs, keine Frage. Kompetente, zuverlässige, teamorientierte, loyale, humorvolle. Und sollten Sie ihren Chef gut finden – Glückwunsch! Pflegen Sie ihn, unterstützen Sie ihn. Sie müssen dann dieses Buch gar nicht weiterlesen. Verschenken Sie es oder stellen Sie es ins Regal. Lesen Sie es, wenn die Begeisterung für Ihren Chef einmal nachlassen sollte!

Wenn Ihr Chef Sie aber in den Wahnsinn treibt, weil er in seiner Führungsaufgabe ein Totalausfall ist, dann sollten Sie unbedingt weiterlesen. Auch dann, wenn Ihr Urteil über Ihren Vorgesetzten noch nicht so vernichtend ausfällt, aber bereits erste Störgefühle im Umgang mit Ihrem Chef erkennbar sind.

Mein Chef nervt mich, weil ...

Haben Sie die nachfolgenden Statements schon einmal über Ihren Chef gesagt – oder zumindest gedacht?

– „Mein Chef kennt sich im Thema nicht aus, quatscht aber überall mit und hält mich letztendlich nur von der Arbeit ab!"
– „Mein Chef ist ziemlich faul, hat aber einen starken Geltungsdrang. Ich schufte, aber er präsentiert die Erfolge und erntet die Lorbeeren!"
– „Mein Chef ist egoistisch – er denkt nur an sich und seine Karriere. Mich fördert er nicht, denn ich bin ihm anscheinend egal!"
– „Mein Chef ist ‚blind' – er sieht mich nicht und interessiert sich nicht für mich als Menschen!"
– „Mein Chef ist kritikunfähig – ich bekomme Stress mit ihm, wenn ich eigene Ideen äußere oder seine Vorschläge hinterfrage!"
– „Mein Chef ist kein Teamplayer – nur im Erfolgsfall steht er hinter mir, im Falle von Misserfolgen stehe ich allein im Feuer!"
– „Mein Chef ist wie Pippi Langstrumpf – er macht sich die Welt, wie sie ihm gefällt. Egal, wie die Realität wirklich aussieht!"
– „Mein Chef ist ein Angsthase – er entscheidet nichts und deshalb geht in meinen Themen wenig voran!"

Das kommt Ihnen bekannt vor? Aber Sie sagen sich: „Woanders ist es bestimmt auch nicht besser! Immerhin habe ich ja noch meine netten Kollegen – ohne die wäre ich vielleicht schon weg! Und außerdem verdiene ich hier auch meinen Lebensunterhalt!" Alles schön und gut, aber sind Sie doch mal ehrlich: Macht's wirklich Spaß, wie's heute ist? Wenn sie jetzt nicht wie aus der Pistole geschossen mit ‚Ja' antworten, sind Sie hier genau richtig!!

In diesem Buch geht es nicht darum ...

Es geht in diesem Buch ausdrücklich nicht darum, Verhaltensweisen von Chefs zu begründen oder gar zu rechtfertigen, sondern Ihnen als Mitarbeiter die Augen zu öffnen, warum sich Chefs so verhalten, wie sie es täglich beobachten. Ihr aktives Wahrnehmen von Verhalten sowie die daraus resultierenden Wirkungen auf Sie sind die Voraussetzungen für Ihr aktives Reagieren auf Ihre Situation. Denn Sie können auch aus Ihrer Mitarbeiterrolle heraus auf ihn einwirken, ihn quasi steuern, motivieren, anregen – ohne Loyalitätsverlust zu Ihrem Chef. Genau darum geht es.

Es geht hier ausdrücklich nicht um das Ausrufen einer ‚Revolution' gegen Ihren Chef, sollten Sie Defizite bei ihm erkannt hat. Es geht um eine kontinuierliche ‚Evolution', um das aktive Entwickeln Ihres Chefs durch Ihr Verhalten. Das klingt vielleicht erstmal verrückt – es funktioniert aber. Denn mit jeder Interaktion zwischen Ihnen und Ihrem Chef beeinflussen Sie auch sein Verhalten. Sie können als Mitarbeiter viel selbst in die Hand nehmen, anstatt sich nur über den Chef zu ärgern. Auch wenn Sie viele gute Gründe haben, genervt von Ihrem Chef zu sein, ist es allemal besser selbst etwas zu tun, als nur zu lamentieren. Sie packen es an und werden sehen, wie schnell Sie damit erfolgreich sein werden!

In diesem Buch geht es darum ...

In diesem Buch geht es darum, selbst etwas zu tun. Es geht um Ihre persönlichen Erfolgsfaktoren im Umgang mit Ihrem nervigen Chef. Nach der Lektüre dieses Buches können Sie Ihr Schicksal – und übrigens auch das Ihres Chefs – in die eigenen Hände nehmen. Damit ist ausdrücklich nicht gemeint, dass Sie eine Art konspiratives, vielleicht sogar konfrontatives Spiel mit Ihrem Vorgesetzten treiben, an dessen Ende Ihre persönlichen Vorteile zu Lasten Ihres Chefs stehen. Wir schauen uns an, wie Sie Ihr eigenes Schicksal im Umgang mit Ihrem Chef in die Hand nehmen können, anstatt sich über die Unzulänglichkeiten Ihres Vorgesetzten zu ärgern. Denn Sie können mehr tun, als Sie glauben. Und das Schöne daran ist: Wenn Sie die in diesem Buch beschriebenen Erfolgsfaktoren anwenden, entsteht eine ‚WIN-WIN-WIN'-Situation: Die Zusammenarbeit zwischen Ihnen, Ihrem Chef und Ihren Kollegen wird sich verbessern. Denn niemandem wird es schlechter gehen, nur weil es Ihnen im Umgang mit Ihrem Chef besser geht. Und bitte machen Sie sich klar: Sie können mit Ihrem Verhalten das Verhalten Ihres Chefs steuern. Ohne Hokuspokus. Zum Wohle aller. Vielleicht denken Sie jetzt: „Das funktioniert bei anderen, aber doch nicht bei meinem Chef!" Doch, das funktioniert! Welche Erfolgsfaktoren Sie dabei berücksichtigen sollten, lesen Sie in diesem Buch.

Sie werden nach der Lektüre dieses Buches eine Vorstellung haben, wie Sie mit Ihrem ‚Problemfall Chef' zukünftig im Alltag umgehen. Sie werden erkennen, wie gut es Ihnen tut, vom ‚passiven genervt sein' zum ‚aktiven Gestalten' der Zusammenarbeit mit dem Chef überzugehen. Sie werden klarer sehen, wie gut es Ihnen tun wird, das eigene Schicksal in die Hand zu nehmen, anstatt sich als Statist mit einer Situation nur zu arrangieren – passiv, frustriert, genervt. Seien Sie sicher: Das wird sich ändern. Nach der Lektüre dieses Buches wissen Sie, wo Sie beim Chef ansetzen müssen, damit sich Ihre Situation schnell verbessert.

Bevor es losgeht, noch zwei persönliche Anmerkungen:

- Dieses Buch verwendet die männliche Sprachform ausschließlich wegen der besseren Lesbarkeit. Wenn zum Beispiel von ‚Chefs' oder ‚Mitarbeitern' gesprochen wird, sind damit ausdrücklich alle Geschlechter und geschlechtlichen Orientierungen gemeint.

- Dieses Buch basiert auf über 25 Jahren Erfahrung als Führungskraft, auf über 30 Jahren Erfahrung als ‚geführter Mitarbeiter' sowie auf unzähligen Feedbacks und Kontakten mit Mitarbeitern, die ich als Führungskräfte- und Mitarbeiter-Coach sammeln durfte. Die positiven Rückmeldungen, die ich bereits auf das Manuskript dieses Buches erhalten habe, bestärken mich sowohl in der Idee des Buches wie auch in den entwickelten Erfolgsfaktoren. Bitte verstehen Sie dennoch die beschriebenen Erfolgsfaktoren als ‚Fenster, durch das Sie selbst durchschauen müssen'. Durch das Sie Ihre Situation klarer sehen und letztlich besser verstehen. Das bedeutet auch, dass Sie die gewonnenen Erkenntnisse zu Ihrem Chef selbst priorisieren, bewerten und letztlich verarbeiten müssen. Kurzum: Sie ‚müssen' die beschriebenen Erfolgsfaktoren zu Ihren persönlichen Erfolgsfaktoren machen. Das Buch nimmt Sie an die Hand, gibt Ihnen einen erfolgversprechenden Weg vor, stellt Ihnen Fragen, eröffnet neue Perspektiven. Der Schlüssel zum Erfolg im Umgang mit Ihrem Chef sind aber letztendlich Sie! Denn nur Sie wissen, in welcher Kombination und Intensität Sie die in diesem Buch beschriebenen Erfolgsfaktoren bei Ihrem Chef erfolgreich einsetzen können. Das Buch wird Sie in die Lage versetzen, Ihre gewonnenen Erkenntnisse konkret umzusetzen. Nicht zuletzt deshalb habe ich im Kapitel 4.4 ein Anwendungsbeispiel für Sie entwickelt und stelle Ihnen im 5. Kapitel ein Workbook zur Verfügung, mit dem Sie arbeiten können.

Ich wünsche Ihnen viel Spaß bei der Lektüre dieses Buches!

Ihr Thomas Gawron

2. Die digitale Transformation produziert nervige Chefs

2.1 Warum Chefs heute mehr nerven als früher

Chefs sind auch nur Menschen. „Aber besser bezahlte als ich" werden Sie vielleicht denken. O.k., einverstanden, aber es ändert nichts an der Tatsache, dass auch Chefs in Drucksituationen häufig reagieren wie Kinder, die intuitiv Dinge tun, ohne lange nachzudenken. Und vor allem, ohne sich über Konsequenzen ihres Handelns in Führungssituationen im Klaren zu sein. Die digitale Transformation, in der sich die Unternehmen heute durchweg befinden, ist eine (Dauer-)Drucksituation für Chefs, welche die Defizite wie unter einer Lupe offenlegt. Doch woran liegt es genau, dass Chefs heute mehr nerven als früher?

Ihr Chef nervt Sie heute mehr als früher, weil er nicht als ‚Druckausgleich' in Ihre Richtung wirkt, sondern ein ‚Druckverstärker' ist.

Sie kennen sie, die nachfolgend beschriebenen Situationen aus Ihrem Arbeitsalltag, und sie gehen Ihnen auf die Nerven? Sieht Ihre Arbeitswoche so aus?

– Montagmittag

Ihr Chef kehrt von einer Geschäftsleitungssitzung zurück. Der dort getroffene Beschluss lautet: Die Projektkosten im gesamten Unternehmen müssen um 7 % gesenkt werden. Also auch im Bereich Ihres Chefs, der – sagen wir – insgesamt 10 Projekte verantwortet. In Ihrem Projekt kommen die Arbeiten bisher gut voran, trotz widriger Umstände. Die bisherigen Projektergebnisse sind durchweg gut. Im Kontext des neuen Kostensenkungszieles trommelt Ihr Chef sofort alle Projektleiter seines Bereiches zusammen und verkündet: „Alle Projekte müssen ihre Kosten um 7 % senken". Pauschale Ansage für alle! Sie hatten das schon erwartet, ja befürchtet. Ihr Chef versucht nicht, Kosten so zu sparen, dass möglichst keine Verwerfungen in den einzelnen Projekten entstehen. Denn das würde ihn selbst in die Pflicht nehmen, eine (Einzelfall-)Planung zu erstellen und für seinen Bereich zu verantworten. Doch genau das wäre der Weg, die Projektkosten so zu reduzieren, dass erfolgreich laufende Projekte möglichst nicht beeinträchtigt werden. Oder Projekte zu ermitteln, die aufgrund ihrer inhaltlichen oder zeitlichen Ausrichtung einen überproportional hohen Anteil an der Kosteneinsparung tragen können. Ihr Chef könnte versuchen, in enger Abstimmung mit dem Team, Kosten ‚intelligent' zu sparen – zum Beispiel einen unmittelbar bevorstehenden Projektstart verschieben und alle anderen Projekte planmäßig weiterlaufen lassen. Aber so liegt der Kostendruck, den Ihr Chef vor zwei Stunden von seinem Chef erhalten hat, jetzt schon bei Ihnen auf dem Tisch. Leider ohne vorherige Abstimmung mit Ihnen. Ohne vorher Ihren Vorschlag zum Umgang mit der Gesamtsituation zu hören. Ohne die gravierenden Konsequenzen für Ihr Projekt zu reflektieren. Dennoch hat Ihr Chef vordergründig seinen Job gemacht, denn er reagiert vermeintlich entscheidungsstark und umsetzungsfokussiert auf das Kostensenkungsziel. So führt man, oder? „In Drucksituation müssen halt unpopuläre Entscheidungen getroffen werden. Ist doch klar?" Nein, nichts ist klar, denn Ihr Chef hat den Kostendruck einfach nur ungefiltert an Sie und alle anderen Projektverantwortlichen weitergegeben. Und schon ist das Problem gelöst – für heute, für den Chef, aber leider nur für den Chef. Das nervt Sie, denn Sie sind aufgrund kürzlich eingegangener externer Dienstleisterverträge im Projekt nicht in der Lage, die Kostensenkung ‚weiterzugeben' und Preise mit Dienstleistern nachzuverhandeln! Das haben Sie bereits auch Ihrem Chef mitgeteilt. Alle hatten sich doch vor drei Wochen noch über das unerwartet positive Verhandlungsergebnis von Ihnen gefreut – vor allem auch Ihr Chef. Auf Ihren Hinweis, dass man sich jetzt beim externen Dienstleister schlichtweg unglaubwürdig, ja lächerlich macht, wenn man direkt nach harten Verhandlungen und Vertragsabschluss diesen Vertrag nachverhandeln will, ernten Sie Schweigen. So müssen Sie den erfolgskritischen externen Projektmitarbeiter aus dem Projekt abziehen, was zu großen Projektrisiken führen wird. Ihr Chef atmet tief durch: „Sie schaffen das schon", klopft Ihnen väterlich auf die Schulter, um sofort darauf gut gelaunt ins nächste Meeting zu verschwinden. Das darf doch nicht wahr sein. Das nervt!

- Dienstagnachmittag

Ihr Chef kommt von einer Rücksprache mit seinem Chef zurück, in dem er die Umsatz-Quartalszahlen seines Bereiches und den Ausblick auf das nächste Quartal vorgestellt hat. Sein Chef will bis morgen noch zusätzliche Auswertungen dazu sehen. Ihr Chef gibt den Auftrag direkt an Sie weiter. Doch die Zahlen können von Ihnen nicht einfach aus dem IT-System ‚gezogen' werden, sondern müssen von Hand sehr zeitaufwändig ausgewertet und aufbereitet werden. Niemand aus dem Team kann Ihnen bei diesem Auftrag helfen, denn Sie sind der Experte in diesem Thema. „Auftrag von oben, muss bis morgen Nachmittag vorliegen. Tut mir leid, aber ich weiß, Sie verstehen das", sagt Ihr Chef. Ihren Einwand, dass Sie bis morgen bereits diverse andere Auswertungen, an denen Sie mit Hochdruck arbeiten, für die Wirtschaftsprüfer zuliefern müssen, nimmt er desinteressiert und schulterzuckend zur Kenntnis. Obwohl er diese sehr aufwandsintensiven und zeitkritischen Termine mit den Wirtschaftsprüfern kennt, ja selbst veranlasst hat. Trotzdem hat er ungefragt und vor allem ungefiltert den zusätzlichen Zeitdruck des neuen Auftrages einfach auf Sie übertragen. Sie grübeln, was Sie in dieser Situation mehr an Ihrem Chef stört: das empathielose Durchdrücken seines Auftrages oder seine offensichtliche Gleichgültigkeit, Ihnen nun zusätzlich ein noch größeres Zeitproblem eingebrockt zu haben. Das nervt Sie!

- Mittwochnachmittag

   Ihr Chef informiert Sie, dass er zukünftig in Ihre Projektaktivitäten inhaltlich enger eingebunden werden will. Aufgrund der hohen interdisziplinären Abhängigkeiten bei der Aufgabenerledigung sowie seines offenkundig geringen Fachwissens im Projektthema wird er jedoch keinen inhaltlichen Mehrwert zum Projektfortschritt beisteuern können. Im Gegenteil: Er verkompliziert und erschwert Ihre Arbeit, da er häufig auch unangemeldet in die Themen einsteigt. Und anstatt sich fachlich zunächst selbst in die Themen einzuarbeiten, um den Arbeits- und Projektfortschritt besser beurteilen zu können, haben Ihre Meetings mit ihm zunehmend den Charakter von für Sie völlig unproduktiven ‚Nachhilfestunden', in denen Ihr Chef auch noch aufgrund seines Halbwissens ärgerliche Zusatzaufträge für Sie generiert, die Sie ihm auch nicht ausreden können. Das nervt Sie!

Vielleicht erkennen Sie an der einen oder anderen Stelle Ihren Chef: Die skizzierten Beispiele beschreiben Situationen, die sich täglich in deutschen Unternehmen abspielen. In Kleinunternehmen, im Mittelstand, in Konzernen. Bei Chefs von großen wie von kleinen Teams. Der Chef diktiert, der Mitarbeiter reagiert. Das macht weder Spaß noch Sinn. Wir werden später sehen, dass Sie einiges dagegen tun können. Zunächst schauen wir uns aber noch einige weitere Gründe an, warum Sie Ihr Chef heute mehr nervt als früher!

Ihr Chef nervt Sie heute mehr als früher, weil er zwar grundsätzlich weiß, wie wichtig Kommunikation ist, aber immer noch nicht auf Augenhöhe mit Ihnen spricht.

Ihr Chef spricht viel, sagt aber wenig? Und Sie haben auch oft den Eindruck, dass er Ihnen nicht alles erzählt, was zum Verständnis ihrer Arbeitsaufträge wichtig wäre? Sie spüren, dass er nicht offen ist? Aber genau diese Offenheit fordert er demgegenüber immer wieder lautstark von Ihnen ein? Es fühlt sich für Sie an, als hätte jemand Ihrem Chef empfohlen, mehr mit den Mitarbeitern zu sprechen? Und ja, er tut es auch – aber ohne roten Faden in dem, was er erzählt, wie er es erzählt, wem er es erzählt, warum er es erzählt. Ihnen fallen immer häufiger die Schwächen in der Kommunikation

Ihres Chefs auf. Zum Beispiel daran, dass Sie nach einem Vortrag des Chefs mit einem anderen Verständnis und einer anderen Bewertung der Inhalte das Meeting verlassen als andere Teammitglieder – jeder hat eine andere ‚Story' gehört, obwohl man doch im gleichen Meeting war. Das liegt einerseits daran, dass Ihr Chef Informationen häufig viel zu schwammig, zu unklar, weitergibt. Es werden zwar Informationen preisgegeben, aber vieles bleibt auch unausgesprochen. Je ungenauer und unklarer Ihr Chef kommuniziert, umso mehr Interpretationen lässt das Gesagte zu. Da zusätzlich alle Wahrnehmungen eines Menschen auf seinen sogenannten inneren Bezugsrahmen treffen, in dem alle Informationen individuell eingeordnet und mit eigenen Erfahrungen, Stimmungen und Inhalten angereichert werden, wird klar, warum nach dem Briefing durch den Chef jeder mit seiner eigenen Version des Gehörten an seinen Arbeitsplatz zurückkehrt. Genau deshalb ist es auch so wichtig, die folgenden Fehler Ihres Chefs nicht kommentarlos hinzunehmen, denn der gefährliche Bumerang unklarer Kommunikation Ihres Chefs kommt schnell zu Ihnen zurück.

– Donnerstagvormittag

Ihr Chef skizziert Ihnen im Vorbeigehen einen neuen Arbeitsauftrag nur sehr oberflächlich, an manchen Stellen sogar leicht widersprüchlich, ohne konkreten zeitlichen und fachlichen Bezugspunkt, und vor allem ohne Erklärung, warum diese Aufgabe jetzt auf einmal vom Himmel fällt. Sie sind ihrerseits gerade in eine völlig andere Aufgabe vertieft und versuchen den Ausführungen des Chefs zu folgen, sind mit Ihren Gedanken aber ganz woanders und verstehen ihn darüber hinaus auch nicht richtig, obwohl er viel redet. Das nervt! Aber Sie nehmen den neuen Arbeitsauftrag kommentarlos an – was bleibt Ihnen auch anderes übrig, es macht den Bock bei Ihrer Arbeitsbelastung auch nicht mehr fett. Sie haben ohnehin schon Zeitdruck von den Aufträgen der bisherigen Woche und wollen heute nicht schon wieder unangenehm auffallen, indem Sie einen zusätzlichen Auftrag mangels inhaltlicher Klarheit kritisch hinterfragen.

– Freitagmorgen

Kurzes Teammeeting beim Chef: Seine Körpersprache passt nicht zu seinen Worten. Diesen Eindruck haben Sie schon zum wiederholten Male in dieser Woche. Es scheint, als fühle sich der Chef in seiner Haut unwohl. Er ruht nicht in sich. Als wäre er vor etwas auf der Flucht. Er wirkt so, als hätte er keinerlei Freude an dem, was er tut. Sie fragen sich, warum Sie diesen Eindruck in letzter Zeit selbst dann haben, wenn die inhaltlichen Botschaften des Chefs positiv sind – was ja selten genug vorkommt? Sie haben keine Antwort darauf. Aber Ihnen fällt immer häufiger auf: Seine irgendwie verkrampfte Körpersprache passt nicht zu seinen Botschaften.

Das verunsichert Sie Zusehens. Es beschäftigt Sie. Hat es am Ende etwas mit Ihnen zu tun? Dieser Gedanke beginnt Sie zu nerven.

– Freitagnachmittag

Ihr Chef ist kurz vor dem Wochenende mal wieder im Eskalationsmodus unterwegs. Na prima, anstatt ‚gut gelaunter Chef' sind heute mal wieder Kundenbeschwerden, Lieferantenprobleme und ungeplante Personalausfälle angesagt. In dieser Stresssituation wird Ihr Chef sehr einseitig in seinem Kommunikationsverhalten. Das kennen Sie schon. Er teilt Ihnen nur noch schmallippig mit, was alles nicht funktioniert, wo Sie besser werden müssen, wo Sie mehr Gas geben sollen. Sein Ton wird lauter, seine Formulierungen lassen auch bei großer Fantasie keine Wertschätzung mehr für Ihren dauerhaft hohen persönlichen Einsatz erkennen. An solchen Tagen gibt's vom Chef erst recht kein ‚Danke', kein ‚Das haben Sie gut gemacht.' Stattdessen nur Forderungen: „Das muss schneller gehen, das müssen Sie besser machen." und so weiter. Sie fragen sich an solchen Tagen, was Sie ihm getan haben. Und was Sie seine schlechte Laune eigentlich angeht. Was denkt der sich eigentlich, Sie permanent als Blitzableiter zu benutzen? Wir werden später sehen, dass Sie auf jeden Fall mehr tun können, als es nur auszuhalten!

Ihr Chef nervt Sie heute mehr als früher, weil er es nicht gelernt hat, mit dem zunehmenden Zeitdruck im Arbeitsalltag umzugehen.

Es ist Freitag. Das langersehnte Wochenende steht vor der Tür. Die zwei freien Tage werden Ihnen guttun. Sie sind heute Abend auf eine Geburtstagsparty eingeladen und haben vor mehreren Wochen fest zugesagt. Sie freuen sich darauf, bei dieser Gelegenheit Ihre Freunde nach längerer Zeit alle mal wiederzusehen. Um 19 Uhr wird das gemeinsame Geschenk übergeben. Das heißt für Sie, dass Sie heute um 17 Uhr das Büro verlassen müssen, wollen Sie pünktlich sein. Sie sind aber unruhig, denn Sie wissen, dass der Chef um 15 Uhr noch einen Termin bei seinem Chef hat und danach vermutlich mit neuen Ideen und Aufträgen bei Ihnen vorbeikommt. Und so ist es heute auch: Ihr Chef steckt den Kopf bei Ihnen rein mit den Worten: „Wir haben da noch zwei To-dos bis Montag. Ich komme gerade vom Chef, er braucht die Informationen bis Montag. „Kommenden Montag?", fragen Sie. „Ich muss heute um 17 Uhr gehen und sitze noch am Reporting für Sie." Ihr Chef antwortet: „Ja, kommenden Montag!" Das bedeutet, dass Sie heute entweder zu spät zu Ihrer Verabredung kommen oder am Wochenende am Schreibtisch sitzen werden. Ihr Chef gibt mal wieder seinen Zeitdruck an Sie weiter und priorisiert alle Aufgaben ausnahmslos als hoch. Wenn aber alles hoch priorisiert wird, ist faktisch nichts priorisiert. Es nervt Sie, denn Ihr Chef reicht hier einfach einen Auftrag inklusive der Terminierung seiner Fertigstellung an Sie weiter. Das kann er natürlich tun, jedoch liegt noch nicht einmal ein Werktag

2.1 Warum Chefs heute mehr nerven als früher

dazwischen, um den Arbeitsauftrag zu bearbeiten. Selbst wenn Sie beim Erscheinen Ihres Chefs gerade händeringend nach einem Arbeitsauftrag gesucht hätten, hätte dem Chef schon beim flüchtigen Blick auf den Kalender auffallen können, dass dieser Auftrag aufgrund des hohen Arbeitsaufwandes ohne ‚Spätschicht' oder eben Wochenendarbeit nicht zu bewältigen ist. Ihr Chef hätte erkennen können, ja müssen, dass die gewünschte Terminierung nicht realistisch ist. Es wäre seine Aufgabe gewesen, seinen Chef darauf hinzuweisen. Hat er aber offensichtlich nicht. Und dieser permanente Zeitdruck nervt Sie.

Ihr Chef nervt Sie heute mehr als früher, weil die steigenden Anforderungen in der Mitarbeiterführung offenlegen, wie konfliktunfähig er ist.

Ihr Chef lässt alle Mitarbeiter wissen, dass er eine gute, kollegiale Zusammenarbeit schätzt. Unter guter Zusammenarbeit versteht er insbesondere, dass alle konfliktfrei zusammenarbeiten. Sein Lieblingssatz ans Team lautet: „Vertragt euch!" Entstehen Konflikte, spricht er schnell ein Machtwort. Dann hört man sofort: „Basta. So machen wir's jetzt! Ohne Wenn und Aber!" Ihr Chef ist nicht in der Lage zu erkennen, dass die wirklich guten Ideen in der Zusammenarbeit zwischen den Kollegen häufig auch aus einem fachlichen Konflikt entstehen. Man sieht die Dinge unterschiedlich und setzt sich für die eigene Idee ein. Man ‚kämpft' für die Sache, aber nicht gegen die Kollegen. Ihrem Chef sind die fachlichen Uneinigkeiten jedoch schon zu viel. Sie merken, dass sich Ihr Chef in Konfliktsituationen sichtbar unwohl fühlt und offensichtlich auch keine Fähigkeiten besitzt, diese aktiv zu managen. Während Sie die lebendigen fachlichen Auseinandersetzungen mit den Kollegen sehr schätzen, sind Konflikte in den Augen Ihres Chefs destruktiv und tunlichst zu vermeiden. Das nervt Sie, denn so wird Ihrer Meinung nach ein großes kreatives Potenzial bei der gemeinsamen Arbeit vom Chef vorschnell abgewürgt! Denn die besten Ideen entstehen nun mal im fachlichen Diskurs.

Ihr Chef nervt Sie heute mehr als früher, weil sein Desinteresse für das Wohl seiner Mitarbeiter in der heutigen Arbeitswelt wie unter einem Brennglas sichtbar wird.

Ihr Chef ist oft gut gelaunt! Ein freundliches ‚Hallo' und ‚Wie geht es ihnen?' kommt ihm bei der Begegnung auf dem Flur leicht über die Lippen. Doch Sie fragen sich, woher eigentlich seine gute Laune kommt? Ist das nicht der Chef, der uns gestern im Mitarbeitermeeting grundlos ‚zusammengefaltet' hat? Der Chef, der betont, wir müssten besser arbeiten, wir machen zu viele Fehler? Der Chef, der von uns Kostendisziplin erwartet und unser Reisekostenbudget im letzten Monat um insgesamt 30 % gekürzt hat, um dann selbst tags darauf in der Business-Class für einige Tage zu einem Messebesuch in die USA zu fliegen. Weiß Ihr Chef eigentlich, was Sie und die Kollegen aktuell bewegt? Interessiert er sich dafür, welche Sorgen Sie aktuell haben? Ihre spontane Antwort ist: „Nein"? Dann ist er vielleicht einer von jenen Chefs, die dem Team Wasser predigen und dann selbst vor den Augen der Mitarbeiter Wein trinken – ohne mit der Wimper zu zucken? Ihre spontane Antwort ist: „Ja"? Dann nervt Sie sicherlich sein Pseudo-Interesse an Ihnen und Ihren Kollegen, seine Pseudo-Mitarbeiterbezogenheit, seine offenkundig völlig sinnentleerten ‚Guten Morgen'- und ‚Wie geht's Ihnen'-Worthülsen. Dann spüren Sie, dass es Ihrem Chef de facto völlig egal ist, wie es Ihnen geht! Das stört Sie und zeigt Ihnen bei jeder weiteren Begegnung mit ihm, wie oberflächlich und faktisch unaufrichtig diese Begegnungen sind.

Ihr Chef nervt Sie heute mehr als früher, weil er zwar viel redet, aber wenig entscheidet.

Sie hatten gerade eine Rücksprache mit Ihrem Chef. Sie haben ihm das gewünschte Konzept zur Verbesserung des Beauftragungsprozesses für externe Dienstleister vorgestellt. Sie haben ihm die aktuellen Schwachstellen des Prozesses aufgezeigt, die möglichen Handlungsoptionen mit ihren Vor- und Nachteilen ausführlich beschrieben und Ihren konkreten Vorschlag zur Lösung des Problems vorgestellt. Mit der von Ihnen erbetenen Zustimmung des Chefs wären Sie ab sofort an die Umsetzung und konkrete Verbesserung der Prozesse gegangen. Soweit Ihr Plan. Und so auch die Erwartung aller am Prozess beteiligten Personen. Ihr Chef jedoch hat Sie zwar für die strukturierte Bearbeitung des Themas gelobt – doch die angestrebte Freigabe zur Umsetzung hat er Ihnen nicht erteilt. Nun schon zum wiederholten Male. Und damit nicht genug. Auch heute kehren Sie schon wieder mit – aus Ihrer Sicht nicht zielführenden – Zusatzaufgaben aus der Rücksprache mit Ihrem Chef an Ihren Arbeitsplatz zurück. Er will, dass Sie sich noch mit diesem und jenem Ansprechpartner abstimmen, an diesem und jenem Punkt nochmal inhaltlich die Entscheidungsvorlage nachschärfen. Das Ganze verbunden mit der Bitte, in zwei Wochen mit dem Konzept wieder bei ihm vorbeizukommen, denn er sei in der nächsten Woche aufgrund seiner Auslandsgeschäftsreise nicht im Hause!

Man erkennt an diesem einfachen Beispiel, dass Ihr Chef ganz offensichtlich nicht sehr entscheidungsfreudig ist. Und er tut sich vermutlich schwer, aufgrund der immer volatileren Rahmenbedingungen, denen Führungskräfte heutzutage typischerweise ausgesetzt sind, Entscheidungen zu treffen, mutig Verantwortung auch unter Unsicherheit zu übernehmen und Dinge zielgerichtet umzusetzen. Das nervt Sie, denn Sie haben den Eindruck, nicht voranzukommen, sich im Kreis zu drehen, sich immer wieder mit dem gleichen Thema zu beschäftigen, ohne wirklich einen Mehrwert für das Unternehmen zu erzeugen!

Ihr Chef nervt Sie heute mehr als früher, weil seine nicht vorhandene Methoden- und Technikkompetenz zunehmend sichtbar wird.

Ihr Chef fordert mehr Kreativität von Ihnen. Er will mehr innovative Ideen sehen. Er lässt keine Gelegenheit aus, Sie darauf hinzuweisen. Sie sind aber jeden Tag voll ausgelastet, Ihren Job zu erledigen, Kundenanfragen zu beantworten, Kundenlieferungen zu koordinieren und so weiter. Ihr Kunde ist sprichwörtlich König und Ihr Tag ist vollgepackt mit Arbeiten, den bestmöglichen Service zu bieten. Hier gilt es, Prozesse schnellstmöglich abzuarbeiten, keine Zeit zu verlieren, bestmöglich zu funktionieren.

Ihr Chef hingegen ist nicht in der Lage zu erkennen, dass die kreative Lösungsfindung unter anderem auch abhängig von ausreichenden zeitlichen Freiräumen bei Ihnen ist. Hoher permanenter Zeitdruck ist der Feind von Kreativität und innovativen Lösungsansätzen. Diese brauchen ein Mindestmaß an zeitlicher Flexibilität. Und diese Freiheiten haben Sie aktuell nicht. Im Gegenteil, Sie machen regelmäßig Überstunden, um Ihr hohes Tagespensum zu erfüllen. Darüber hinaus verfügt Ihr Chef nicht über die erforderliche Kompetenz, Ihnen und dem Team mögliche innovationsfördernde Methoden vorzustellen. Er fordert lediglich mehr Kreativität und Innovationen von Ihnen. Das nervt, denn eine Lösung des Dilemmas ist nicht in Sicht!

Doch damit noch nicht genug. Ihr Chef verlangt bei Besprechungen Ihre persönliche Präsenz in seinem Büro, wo man doch mit der vorhandenen technischen Ausstattung ihrer Arbeitsplätze problemlos ein Video-Meeting durchführen könnte. Sie fragen sich, warum für eine 30-minütige Statussitzung am Nachmittag fünf Projektmitarbeiter in die Zentrale fahren müssen, um mit dem Chef an einem Tisch zu sitzen? Die ernüchternde Antwort ist: „Weil die teilzeitbeschäftigte Sekretärin des Chefs da schon Feierabend hat und der Chef alleine nicht in der Lage ist, die MS-Teams-Sitzung mit der Multimedia-Anlage in seinem Büro zu starten." Vermutlich deshalb wird das Meeting als Präsenzmeeting abgehalten. Der Chef ist ohnehin vor Ort und die Mitarbeiter müssen halt in den sauren Apfel beißen. Das Arbeitsleben ist kein Wunschkonzert! Seine nicht vorhandene Technikkompetenz lässt Sie jetzt im Auto sitzen auf dem Weg vom Homeoffice ins Büro, wobei die An- und Abfahrt mehr Zeit in Anspruch nimmt als das Meeting selbst. Das nervt Sie, kostet wertvolle Zeit und ist aus Ihrer Sicht vor allem inhaltlich völlig unnötig! Bereits mehrfach ist der Vorschlag vom Chef abgelehnt worden, die kurzen Statusmeetings doch virtuell durchzuführen und die dadurch eingesparten Zeiten effektiver in die operative Projektarbeit zu stecken, anstatt sie unproduktiv mit An- und Abfahrten zu vergeuden. Bis jetzt sind Sie da auf taube Ohren gestoßen.

Ihr Chef nervt Sie heute mehr als früher, weil seine Empathielosigkeit deutlicher zutage tritt.

Ihr Chef versichert Ihnen bei jeder passenden Gelegenheit, dass Sie ihm als Mitarbeiter und Mensch wichtig sind. Doch leider merken Sie in der täglichen Zusammenarbeit immer häufiger, wie egal Sie Ihrem Chef sein müssen. Zumindest wenn man sein Verhalten ernst nimmt – und Chefs wollen doch ernst genommen werden, oder?

Worüber sprechen wir genau? Sie erhalten viel häufiger als früher Aufträge, die sich bei näherer Betrachtung gegenseitig ausschließen oder zumindest kannibalisieren. Und der bereits beschriebene Leistungs- und Zeitdruck sowie die ausschließliche, tagtägliche Fokussierung des Chefs auf Probleme machen wirklich auf Dauer keinen Spaß. Und das alles passiert vor dem Hintergrund des Eindrucks, dass Ihr persönliches Wohlbefinden dem Chef völlig egal ist. Kein ‚Danke' für den hohen zeitlichen Einsatz im Projekt trotz des kranken Kindes daheim. Keine Anerkennung dafür, dass Sie erst vor wenigen Tagen Ihren zugesagten Urlaub verschoben haben, weil der Krankenstand in der Abteilung so hoch ist. Stattdessen auch noch unverschämte Kommentare des Vorgesetzten. Morgens: „Sie müssen hier einfach ein bisschen mitdenken". Mittags: „Sie werden hier nicht fürs Denken, sondern fürs Arbeiten bezahlt"! Ja was denn jetzt? Wie Sie sich bei einem solchen Verhalten fühlen, interessiert niemanden. Ihr Chef kommt nicht mal im Ansatz auf die Idee, sich bei Ihnen für die Verschiebung Ihres Urlaubes zu bedanken. Lieber regt er sich über Nebensächlichkeiten auf. Das nervt Sie!

Darüber hinaus erwartet Ihr Chef von Ihnen eine Einstellung – zum Beispiel Kostenbewusstsein – die er selbst nicht vorlebt. Denn er steigt bei Geschäftsreisen regelmäßig im Fünf-Sterne-Hotel ab, während Sie Ihren Mitarbeitern erklären müssen, warum in diesem Jahr aus Kostengründen und mit Verweis auf die angespannte Finanzlage des Unternehmens das seit Jahren stattfindende Sommerfest für die Abteilung gestrichen werden muss. Das passt nicht zusammen. Und auch das nervt Sie, denn Ihrem Chef fehlt das Gespür, wie die Dinge im Team ankommen! Wie heißt es so schön: Wasser predigen und Wein trinken. Wir hatten das schon an anderer Stelle. Das kommt bei überforderten Führungskräften leider regelmäßig vor. Viele sind auf dem Auge blind, wenn es darum geht zu erkennen, ob die eigenen Worte und Taten zusammenpassen und wie es auf sie als Mitarbeiter wirkt. Mangelnde Empathie des Chefs ist hier die naheliegende Diagnose.

Ihr Chef nervt Sie heute mehr als früher, weil Ihnen auffällt, wie schlecht er die spezifischen Anforderungen an Ihren Job kennt.

Ihr Chef weiß gar nicht, wie sehr Sie kämpfen müssen, um die Leistung zu bringen, die Sie erbringen? Er weiß auch nicht, über welche fachlichen Qualifikationen Sie im Einzelnen verfügen? Ihm sind Ihre umfassenden Branchenkenntnisse nicht bewusst, die Sie in Ihre tägliche Arbeit einbringen? Er erkennt nicht, wie zeitraubend oft Ihre Recherchen sind, um die von ihm gewünschte Zahlenbasis als Entscheidungsgrundlage zu erhalten? Und ihm ist nicht klar, wie sehr Sie Ihre Technikkompetenz im letzten Quartal verbessert haben, um die neue Datenbankanwendung bestmöglich nutzen und einsetzen zu können. Na klar, das ist vielleicht einerseits Ihr Anspruch an sich selbst. Aber: Das sollte Ihr Vorgesetzter auch erkennen, wissen, zur Kenntnis nehmen! Ihm sollte bewusst sein, dass Sie sich permanent fachlich weiterentwickeln. Er sollte wissen, dass die neuen Zusammenarbeitsformen in den Wissensnetzwerken ein hohes Maß an Sozial- und Handlungskompetenz benötigen, die Sie jeden Tag unter Beweis stellen. Aber Ihr Chef sieht das irgendwie nicht, obwohl er es doch eigentlich wissen sollte? Das nervt Sie!

Ihr Chef nervt Sie heute mehr als früher, weil er in der zunehmenden Dynamik des Tagesgeschäfts sein Verhalten wie ein Fähnchen im Wind ausrichtet und Sie keinen roten Faden in seinem (Führungs-)Handeln erkennen können.

Ihr Chef greift gerne spontan Themen auf? Er gehört zu den Führungskräften, die mit Freude immer wieder eine ‚neue Sau durch's Dorf treiben'. Das zeigt sich daran, dass er häufig mit neuen Ideen auf Sie zukommt, die sofort mit Hochdruck umgesetzt werden müssen? Er priorisiert alle Aufgaben hoch? Alles ist superwichtig, kann aber nicht gleichzeitig erledigt werden. Ihr Chef betont zwar regelmäßig, dass ihm Themen wie Work-Life-Balance, Vertrauensarbeitszeit und Flexibilität durch Homeoffice wichtig sind, um sofort danach regelmäßig neue Aufgaben mit völlig unrealistischen Fertigstellungsterminen loszutreten. Er fordert Top-Qualität in kürzester Zeit – natürlich alles unter höchster Kosteneffizienz! Sie sollen einerseits kreativ sein und andererseits das Rad nicht immer neu erfinden! Sie sollen Dinge konsequent und zeitnah umsetzen und andererseits alle kommunikativ abholen. Was morgens wahr ist, ist mittags mitunter schon wieder falsch. Ein ständiges Hin und Her. Ihr Chef hat in seinem Handeln keinen roten Faden. Er agiert eher nach Tagesform, persönlicher Befindlichkeit oder Druck von oben. Und letztlich weiß man nie so richtig, wie man es ihm Recht machen soll. Das nervt. Und es macht auch keinen Spaß!

Auch wenn Ihr Chef nervt – Sie können etwas tun.

Wir lassen es jetzt an dieser Stelle bewenden mit den Erlebnissen und Anekdoten aus den Führungsetagen der Unternehmen. Bestimmt könnten Sie hier noch viele weitere Beispiele aus dem täglichen Umgang mit Ihrem Chef beisteuern.

Wir gehen jetzt einen Schritt weiter. Denn dieses Buch fokussiert sich auf Ansätze, selbst etwas daran zu ändern. Sie sollen in die Lage versetzt werden, zu handeln, nicht an den nervigen Situationen zu verzweifeln. Oder wollen Sie vielleicht schon das Unternehmen verlassen? Wegen eines nervigen Chefs? Das kann's doch nicht sein! Schauen wir uns an, was Sie tun können. Sie werden staunen, wie viele Ansatzpunkte wir finden werden, Ihre Situation konstruktiv zu verändern.

2.2 Was Sie gegen nervige Chefs selbst tun können

Vielleicht denken Sie insgeheim: „Alles schön und gut, aber was kann ich denn schon tun gegen meinen nervigen Chef? Ich bin doch am Ende machtlos, sitze am kürzeren Hebel. Er ist der Chef, nicht ich!"

Nein, Sie sind nicht machtlos. Denn Sie sollen nicht gegen Ihren Chef im Unternehmen mobil machen. Sie sollen keine konspirativen Allianzen gegen Ihren Chef schmieden. Sie sollen sich auch nicht mit Ihrem Chef anlegen, sollen keinen eskalierenden Konflikt vom Zaun brechen. Gehen Sie einfach zukünftig etwas anders an die Sache heran – Ihr Chef wird's anfangs vielleicht noch nicht mal merken. Die Wirkung Ihres Verhaltens wird aber schnell für Sie erlebbar werden. Probieren Sie es aus. Es kostet Sie nicht viel Zeit, bedarf nur Ihres Interesses, den Chef verstehen zu wollen, um darauf aufbauend Ihr eigenes Verhalten konsequent auszurichten. Denn Sie sind für Ihre berufliche Situation auch selbst verantwortlich, nicht nur Ihr Chef. Und Sie können das Verhalten von sich und Ihrem Chef auf eine gewisse Art und Weise steuern.

Aber nochmal ganz deutlich: Es geht nicht um Verhaltensmanipulation oder vergleichbares. Es geht darum, dass Sie durch ein besseres Verständnis Ihrer Führungssituation das Verhalten gegenüber Ihrem Chef verändern können. Sie können das jederzeit tun – oder eben auch bleiben lassen und sich weiter nerven lassen! In dem Maße, in dem sie Ihr eigenes Verhalten ändern, wird sich die Zusammenarbeit mit Ihrem Chef verändern. Sie werden schnell sehen, wie gut das funktioniert. Welche Schritte sollten Sie dazu gehen?

Sie können in drei Schritten dafür sorgen, ab morgen nicht mehr von Ihrem Chef genervt zu sein.

– *Verstehen Sie Ihren Chef!*

Nur wenn Sie erkennen, welcher Typ Ihr Chef ist, können Sie sein Verhalten besser verstehen. Sie werden sein Verhalten deshalb nicht notwendigerweise besser finden, vielleicht auch nicht richtig finden. Aber Sie werden es besser verstehen, besser nachvollziehen können! Das bessere Verstehen hängt dabei zunächst von Ihrer Wahrnehmung des Chefs ab.

2.2 Was Sie gegen nervige Chefs selbst tun können

Das Erste, was Sie beim Kontakt mit einem Menschen wahrnehmen, ist sein Äußeres. Ja, Sie haben es richtig verstanden – das Aussehen. Haben Sie sich zum Beispiel schon mal gefragt, warum Ihr Chef so aussieht, wie er aussieht? Trägt Ihr Chef elegante Kleidung, eine edle Uhr, elegante italienische Schuhe? Oder ist er eher der Typ ‚ausgebeulte Cordhose', im Sommer gerne in Sandalen im Büro – bequem halt? Oder ist er der Typ ‚graue Maus', nicht auffallen, auch nicht mit dem Äußeren. Schauen Sie sich Ihren Chef mal genau an. Jeder Mensch gibt mit seinem Äußeren auch ein nonverbales Statement zu sich selbst ab, dass Sie für sich übersetzen sollten, wenn Sie Ihn besser verstehen wollen. Dazu später mehr, denn das Verstehen Ihres Chefs wird natürlich nicht nur von seinem Aussehen, sondern von insgesamt 10 Erfolgsfaktoren bestimmt, die wir uns nachfolgend gemeinsam anschauen und auf deren Grundlage Sie Ihren Vorgesetzten schnell mit anderen Augen sehen werden.

Wenn Sie die ersten 10 Erfolgsrezepte im Kapitel 3.1 dieses Buches verinnerlicht haben, werden Sie Ihren Chef besser ‚lesen', aber nicht notwendigerweise besser leiden können. Das ist aber auch nicht unser Ziel, denn wir wollen ja Ihre Sicht auf den Chef schärfen. Sie werden ein Grundverständnis für seine Art und seine Wirkung entwickeln, den Antrieb für sein Handeln erkennen, Hintergründe besser verstehen. Dazu schauen wir uns zusätzlich zum Äußeren Ihres Chefs auch seine Kompetenzen, seine Interessen und sein Verhalten, seine Motivation und seine Erwartungen sowie letztendlich die Rahmenbedingungen an, unter denen er Chef ist.

Sobald Sie im Kapitel 3.1 die ersten Erfolgsrezepte gelesen haben, werden Sie ein viel facettenreicheres Bild von Ihrem Chef haben. Versprochen! Seien Sie gespannt auf das Kapitel 3.1 ‚Verstehen Sie ihren Chef'!

- *Fordern Sie ihren Chef!*

Wenn Sie im Kapitel 3.1 Ihren Chef besser kennengelernt haben, können Sie darauf aufbauend aktiv werden. Sie können Ihr Verhalten zielgerichtet anpassen, begründete Forderungen aufstellen und so weiter. Wir werden uns daher im Kapitel 3.2 gemeinsam insgesamt sieben weitere Erfolgsfaktoren anschauen, mit denen Sie Ihren Chef fordern können, mit deren Hilfe Sie eine schnelle Verbesserung Ihrer heutigen Führungssituation herbeiführen können. Dazu werden wir uns mit der Kommunikation und dem Entscheidungsverhalten Ihres Chefs beschäftigen. Wir werden uns auch anschauen, wie Sie mehr Vertrauen und Freiheiten von Ihrem Chef erhalten und zur Erreichung Ihrer Ziele die angemessene Zeit zur Bearbeitung Ihrer Aufgaben einfordern können. Und sollte Sie Ihr Chef damit nerven, dass Sie kreativere Lösungen als bisher erarbeiten sollen, so finden wir gemeinsam heraus, ob Ihr Chef die dafür notwendigen Voraussetzungen bereitstellt.

Sie werden sehen, wie viel Sie in der Kooperation mit Ihrem Chef für die Verbesserung der eigenen Situation tun können. Freuen Sie sich im Kapitel 3.2 ‚Fordern Sie ihren Chef' auf Anregungen, die Sie sofort in der Zusammenarbeit mit ihm umsetzen können.

– *Fördern Sie Ihren Chef!*

Last but not least sollten Sie Ihren Chef auch unterstützen, für ihn da sein. Denn Sie wissen ja bereits: Der in diesem Buch beschriebene Ansatz ist auf Kooperation ausgerichtet. Wir wollen keine Konfrontation mit dem Chef. Daher überlegen wir uns im Kapitel 3.3 ‚Fördern Sie Ihren Chef', wie und wo Sie Ihren Chef unterstützen und fördern können. Wir werden uns ansehen, wie Sie die Leistungen Ihres Chefs schnell verbessern können – und zwar so, dass er es auch merkt. Denn insbesondere im Erfolgsfall wird er schnell sein Verhalten ändern. Und wenn er sein Verhalten in der Form anpasst, wie Sie es sich wünschen, werden Sie viel weniger von Ihrem Chef genervt sein. Win-Win! Eigentlich ganz einfach, oder?

Wir schauen uns jetzt im nachfolgenden dritten Kapitel Schritt für Schritt gemeinsam an, wie Sie das machen können. Wir richten den Scheinwerfer darauf, wo Ansatzpunkte sind, die Ihnen helfen werden. Ich verspreche Ihnen: Wenn Sie es ernst nehmen und mit Augenmaß und Fingerspitzengefühl die Dinge angehen, werden Sie nach Lesen dieses Buches Ihren Chef bald nicht mehr wiedererkennen! Probieren Sie es aus, Sie werden sehen, es bringt Sie auf jeden Fall weiter!

3. 20 Erfolgsrezepte zum effektiven Umgang mit nervigen Chefs

3.1 Verstehen Sie Ihren Chef

3.1.1 Erfolgsrezept 1: Verstehen Sie sein *Aussehen*!

> *Nur weil mein Chef aussieht wie ein Dressman,
> ist er noch lange kein Leistungsträger!*

Wie sieht Ihr Chef aus? Trägt er elegante Kleidung, eine edle Uhr, modische Schuhe, sein im Fitnessstudio trainierter Körper strahlt Dynamik aus? Und selbstbewusst ist er sowieso? So sieht Leistungsfähigkeit aus?

Oder ist Ihr Chef eher klein und untersetzt, trägt eine zu kurze, ausgebeulte Hose, abgewetzte Schuhe, das Hemd viel zu weit geschnitten und auch farblich völlig unpassend zum Rest seines Outfits? Sein Blick sieht häufig gequält aus – so als würde er auf die Wurzelbehandlung beim Zahnarzt warten? Dieser Typ kann's doch nicht wirklich draufhaben, oder doch?

Was meinen Sie? Ist an den Rückschlüssen auf eine Person aufgrund des Äußeren nicht was dran? Vieles erkennt man doch schon, wenn man richtig hinschaut und ein bisschen Lebenserfahrung hat, oder etwa nicht? Der erste Eindruck zählt und sagt viel über Menschen aus – und Sie haben sich da selten getäuscht? Kann man also vom Äußeren auf die Eigenschaften der Führungskraft schließen?

Ehrlich gesagt – nein! Viele Mitarbeiter leiten aber unbewusst aus dem Äußeren ihrer Chefs Eigenschaften ab. Oder sie projizieren spontan Eigenschaften in den Chef, wenn sie ihn sehen. Der Trigger dafür ist zunächst allein das äußere Erscheinungsbild des Gegenübers und dessen sofortige Interpretation. Dies passiert beim Erstkontakt losgelöst von den vorhandenen Kompetenzen, die man ja noch nicht kennen kann. Aber es passiert. Und zwar immer – unbewusst und automatisch. Experten kennen diesen Reflex, aus bekannten Eigenschaften (zum Beispiel Aussehen) sofort Rückschlüsse auf unbekannte Eigenschaften (zum Beispiel Kompetenzen) zu ziehen, als den sogenannten Halo-Effekt. So hilfreich dieser tief im Menschen verankerte Effekt ist, wenn im Urwald der Tiger um die Ecke kommt und man sich entlang der Einschätzung der Situation in Bruchteilen einer Sekunde für die Flucht entscheidet, so trügerisch ist dieser Effekt, wenn man sich ausschließlich aufgrund der äußeren Erscheinung ein vorschnelles Bild vom Chef macht. Das Phänomen der selektiven Wahrnehmung sorgt dann typischerweise noch dafür, dass sich Ihr erster Eindruck vom Chef sogar verfestigt, da Sie wie durch einen Filter vermehrt Dinge wahrnehmen, die Sie in Ihrer Ersteinschätzung bestätigen. Genau das könnte auch Ihnen passiert sein, wenn Ihr Chef sie nervt.

Interessanterweise entsteht Ihr erster Eindruck vom Chef auch weitgehend losgelöst von dessen Absichten: Das freundlich gemeinte Lächeln des ‚Dressman-Chefs' wirkt vielleicht arrogant auf Sie, während Sie das gleiche Lächeln des ‚Turnschuh-Chefs' sympathisch finden. Schauen wir uns das Thema daher etwas genauer an, damit Sie etwas differenzierter auf das Äußere Ihres Chefs blicken und die daraus möglicherweise entstandenen Wirkungen auf Sie verstehen.

Sie sollten die Wirkung der äußeren Erscheinung Ihres Chefs auf Sie kennen.

Sie können die äußere Erscheinung Ihres Vorgesetzten entlang der nachfolgend beschriebenen Kategorien durchgehen und sich kritisch (hinter)fragen, welche Wirkung diese bei Ihnen erzeugen:

- *Körperform*

Schlanke, große, sportliche Chefs werden intuitiv und weitgehend unbewusst aufgrund des bereits beschriebenen Halo-Effekts als leistungsfähiger eingeschätzt als Vorgesetzte mit einer auffallend unsportlichen Figur. Wenn Sie diesen ersten Eindruck haben, setzt das ebenfalls schon erwähnte Phänomen der selektiven Wahrnehmung ein: Mitarbeiter haben unter ihrem ersten Eindruck einen Wahrnehmungsfilter, durch den bevorzugt diejenigen Beobachtungen hindurch kommen, die ihren ersten Eindruck bestätigen. Dieser Filter wirkt nicht nur bei vermeintlich leistungsfähigen Vorgesetzten: Untersetzte, kleine, unsportlich wirkende Chefs werden von Mitarbeitern beim Erstkontakt als nicht sehr leistungsfähig eingestuft. Dies kann ein Grund dafür sein, ihn von Beginn an – unbewusst – kritisch zu sehen oder nicht ausreichend ernst zu nehmen.

Fragen Sie sich ehrlich, ob sie diesen Wahrnehmungsfilter auch haben oder nicht. Die Wette gilt: Auch Sie haben eine selektive Wahrnehmung. Die Frage ist lediglich, wie viele Eindrücke, die Ihren ersten Eindruck nicht bestätigen, Ihr unbewusster Wahrnehmungsfilter durchlässt.

Die Körperform eines Menschen hat nichts mit seinen Kompetenzen und in den meisten Berufen auch nichts mit seiner Leistungsfähigkeit zu tun. Dennoch projizieren wir das bei der ersten Begegnung mit diesen Menschen häufig unbewusst in diese hinein. Die nachfolgenden Kriterien können Ihre Projektion von Eigenschaften in Ihren Chef zusätzlich verstärken.

– *Körperhaltung*

Ein aufrechter, gerader Gang wirkt selbstsicher, stark, leistungsfähig, vielleicht sogar kompetent. Hingegen erzeugt ein gebückt laufender Vorgesetzter eher der Eindruck der Verletzlichkeit, des ‚belastet seins'. Körperhaltungen fallen im Kontakt miteinander sofort auf. Und sie erzeugen sofort beim Gegenüber einen Eindruck.

Eine jedermann bekannte, typische Körperhaltung eines Menschen ist das ‚Merkel'sche Dreieck', die vor dem Körper zu einem Dreieck zusammengeführten Hände unserer Ex-Kanzlerin. Sie erkennen daran, dass Menschen die Körperhaltung anderer Menschen auffällt – mal mehr, mal weniger. Und alles, was Ihnen auffällt, erzeugt eine Wirkung bei Ihnen. Und wenn die Körperhaltung eine Wirkung erzeugt, sollten Sie sich über diese im Klaren sein. Denn ob diese Wirkung bei Ihnen zu einer neutralen, positiven oder negativen Reaktion auf Ihren Vorgesetzten führt, können letztendlich nur Sie herausfinden. Wir sind uns aber einig, dass die Körperhaltung Ihres Chefs nichts mit Ihrer Führungsbeziehung zu tun hat. Egal, welche Wirkung Sie bei Ihnen gegebenenfalls hervorruft.

Dennoch kennen Sie bestimmt Situationen in Ihrem Berufsleben, in denen sich bei Ihnen schon die Nackenhaare gestellt haben, wenn sich eine Person Ihnen nur schon genähert hat: Finden Sie heraus, ob das an rein äußerlichen Kriterien lag. Wir sind uns einig, dass es keinen rationalen Grund geben sollte, aufgrund der Äußerlichkeiten vom Chef genervt zu sein. Demgegenüber gibt es aber viele emotionale Gründe und Triggerpunkte, von ihm genervt zu sein. Wenn mir nach einigen Coaching-Terminen eine Mitarbeiterin eröffnet, sie könne ihren Chef nicht ausstehen, weil sie sein Gang an ihren Ex-Mann erinnert, so erkennen sie, dass wir hier durchaus über praxisrelevante Fälle sprechen, auch wenn sie erfreulicherweise nicht die Regel sind. Die Mitarbeiterin und ich waren uns dann auch schnell einig, dass der ‚gleiche Gang' keine Projektion ihrer Abneigung auf den Chef rechtfertigt. Genau darum geht es hier: Sortieren Sie die negativen Projektionen aufgrund äußerlicher Eindrücke aus, sofern sie überhaupt vorliegen. Oder einfacher gesagt: Eine zum Beispiel gebückte Körperhaltung Ihres Chefs sagt rein gar nichts über seine Qualifikation als Vorgesetzter aus. Bitte machen Sie sich das klar: Denn so trivial es klingt, so oft beeinflusst es doch das Urteil von Mitarbeitern über den Chef.

– *Mimik*

„Wenn der mich schon so arrogant ansieht, sinkt meine Laune." Jeder Mitarbeiter dekodiert die Mimik seines Chefs. Bestenfalls passt die Mimik zum Inhalt dessen, was der Chef sagt. Aber wer kennt nicht den Satz: Ein Blick sagt mehr als tausend Worte. Das Problem dabei ist jedoch: Sie dekodieren die Mimik Ihres Chefs ganz sicher anders als Ihre Kollegen. Das liegt an Ihrer Biografie, an Ihren individuellen Lebenserfahrungen, an Ihrer sozialen Konditionierung. Während Ihr Kollege einen Gesichtsausdruck vielleicht als witzig empfindet, kann der gleiche Gesichtsausdruck arrogant auf Sie wirken. Und während Sie den Blick des Chefs als kontrollierend und misstrauisch empfinden, sehen darin Kollegen nur Interesse für das gerade Gesagte. Kurzum: Auch die Mimik ist häufig eine Quelle für Missverständnisse zwischen Menschen. Sollten Sie von Ihrem Chef genervt sein, so hinterfragen Sie hier bitte auch explizit Ihre Wahrnehmung seiner Mimik sowie die daraus entstehende Wirkung auf Sie.

Sie sollten wissen, dass Menschen Ihre Mimik nicht dauerhaft aktiv steuern können. Ihr Chef könnte sich zwar vornehmen, seine Mimik zu kontrollieren, zum Beispiel um ein freundliches Gesicht zu machen. Nach kurzer Zeit ist es dann aber wieder so, dass seine Mimik ‚unbewusst automatisch mitläuft'. Das ist der Grund, warum er mit seiner Mimik ‚echte Signale' sendet, die von Ihnen und Ihren Kollegen individuell wahrgenommen und dekodiert werden. Mit diesem Wissen können sie ab sofort nervige ‚Ticks' Ihres Chefs gelassener sehen. Legen Sie auch nicht jeden seiner Blicke auf die Goldwaage, überinterpretieren Sie nicht jede hochgezogene Augenbraue des Chefs. Sie werden merken – das entspannt Sie!

Achten Sie aber punktuell auch mal gezielt auf die Mimik Ihres Chefs und bilden Sie sich Ihre Meinung, ob sich seine Mimik bei bestimmten Anlässen verändert. Fragen Sie sich dabei aber immer kritisch, ob Sie aus der Mimik Ihres Gegenüber vorschnell auf seine Persönlichkeitsmerkmale schließen: ‚Naserümpfen' oder ‚hochgezogene Augenbrauen' werden häufig als Beleg für mangelnde Kooperationsbereitschaft oder sogar unzureichende Loyalität (über-)interpretiert. Wir sprachen bereits über die selektive Wahrnehmung, die Ihrerseits dann gegebenenfalls Ihre Eindrücke noch verfestigt. Bitte passen Sie auf, dass Sie nicht in diese Falle tappen.

Sollte Ihnen in diesem Zusammenhang häufiger auffallen, dass Botschaften Ihres Chefs (zum Beispiel positive, freudige Nachricht) nicht mit seiner Mimik (zum Beispiel versteinertes, trauriges Gesicht) übereinstimmen, so könnte der Grund darin liegen, dass er sich in einem inneren Zwiespalt befindet. Häufig stimmen dann das gesprochene Wort und das dahinterliegende Gefühl nicht überein. Ein solches Verhalten offenbart häufig einen inneren Konflikt, den der Chef nicht explizit thematisiert, aber über diese Körpersignale aussendet.

Alles in allem sollten Sie nicht zu viel in die Mimik Ihres Chefs hineininterpretieren. Es geht hier vielmehr darum, Ihren Blick für eine weitere

Quelle Ihres ‚genervt seins' vom Chef zu schärfen. Getreu unserem Selbstverständnis: Wenn ich mir über etwas im Klaren bin, kann ich die entstehenden Wirkungen auf mich besser verstehen.

– *Stimme*

Umfragen belegen, dass ein und die gleiche Führungskraft mit unterschiedlichen Stimmlagen unterschiedlich sympathisch wirkt: Der Chef mit der sonoren, ruhigen Tenor-Stimmlage wirkt auf Mitarbeiter sympathischer als der gleiche Chef mit einer hohen, eher zerbrechlich wirkenden Stimmlage. Häufig werden Führungskräfte mit einer angenehmen Stimmfarbe spontan als umsetzungsstärker eingeschätzt. Man hört ihnen gerne zu, erstmal unabhängig vom Inhalt.

„Ich kann ihn nicht mehr hören!" Viele Mitarbeiter sagen genau das, wenn sie genervt sind von ihrem Chef. Gemeint ist damit jedoch nicht seine Stimmfarbe oder die Lautstärke seiner Aussagen, sondern die Inhalte beziehungsweise sein Verhalten. Dennoch kennen wir Aussagen wie: „Wenn ich schon seine Stimme höre, regt er mich auf!" Sollten Sie diesen oder ähnliche Sätze häufiger über Ihren Chef sagen, so machen Sie sich in diesem Zusammenhang bitte stets klar, dass der Klang der Stimme das Auftreten des Chefs zwar prägt, jedoch für die Einschätzung, ob er ein guter oder weniger guter Chef ist, weitgehend irrelevant ist.

– *Geruch*

Wenn Sie von Ihrem Chef genervt sind, dann haben Sie bestimmt schon mal gesagt: „Mein Chef stinkt mir"! Oder: „Ich kann den Typ nicht riechen!" Was in der Regel im übertragenen Sinne gemeint ist, kommt in seltenen Fällen (leider) auch im eigentlichen Wortsinn vor. Sollte also von Ihrem Chef eine ‚echte Geruchsbelästigung' ausgehen, hat er es verständlicherweise bei Ihnen schwer. Man hat dann nicht gerne persönlichen Kontakt mit ihm. Aber auch hier gilt: Ob er ein guter oder weniger guter Chef ist, kann nicht an diesem Kriterium fest gemacht werden. Es prägt aber sein Auftreten und erzeugt bei Ihnen eine Wirkung, keine Frage.

Das Kriterium ‚Geruch des Chefs' wirkt vielleicht auf Sie, als sei es sehr weit hergeholt. Erst recht, wenn Sie noch keine unangenehme Erfahrung damit gemacht haben. Führt das hier nicht zu weit? Und was geht es eigentlich den Mitarbeiter an, wie der Chef riecht? Bitte lassen Sie sich auf ein gedankliches Experiment ein: Sie haben einen persönlichen Rücksprachetermin bei Ihrem Chef. Im ersten Fall liegt sein fruchtig-herbes, sehr angenehm riechendes Parfüm in der Luft, wenn Sie sein Büro betreten. Im anderen Fall haben Sie den Eindruck, als hätte er eine Woche nicht geduscht. Und das riechen Sie auch. Die persönliche Rücksprache mit Ihrem Chef läuft in beiden Fällen unter zwei völlig unterschiedlichen Rahmenbedingungen ab: Während sie im ersten Fall aufgrund seiner körperlichen Anwesenheit keinerlei Stresshormone produzieren, schüttet Ihre Nebenniere im zweiten Fall Stresshormone aus, sobald Ihnen Ihr Chef gegenübersitzt. Mit allen damit verbundenen Konsequenzen einer anderen (selektiven) Wahrnehmung, einer eingeschränkten Konzentrationsfähigkeit aufgrund des aufkommenden Bedürfnisses, diesen Ort schnell wieder verlassen zu wollen und so weiter. Das sollten Sie zumindest wissen – in der Hoffnung, dass Sie eine solche Situation noch nie erlebt haben!

Wir halten fest: Das Äußere Ihres Chefs erzeugt bei Ihnen Wirkungen, über die Sie sich im Klaren sein sollten. Dennoch sollten wir uns an diesem Punkt auch nicht missverstehen: Die Botschaft ist ausdrücklich nicht, dass das äußere Erscheinungsbild Ihres Chefs in jeder erdenklichen Führungssituation so stark auf das Verhältnis zu Ihnen ausstrahlt, dass es als alleinige Quelle Ihres ‚genervt seins' taugt. Den meisten Mitarbeitern ist die äußere Erscheinung des Vorgesetzten im besten Wortsinne egal. Dennoch ist es unstrittig, dass sich Mitarbeiter schon beim Erstkontakt mit dem Chef ein Bild von ihm machen – und auch von seinem Äußeren auf andere Eigenschaften schließen. Gerade der erste Eindruck von Ihrem Chef liegt dann wie ein Filter auf Ihrer Wahrnehmung, der nur noch die Informationen durchlässt, die Ihren ersten Eindruck bestätigen. Daher geht es für Sie konkret darum, sich klarzumachen, dass die erste Wirkung Ihres Chefs auf Sie im Wesentlichen auf seinem äußeren Erscheinungsbild basiert. Fragen Sie sich, inwiefern Sie selbst diesen Wahrnehmungsfilter bei sich erkennen können. Sie werden es merken, wenn Sie darüber nachdenken. Und sollten Sie Ihren Wahrnehmungsfilter ausschalten können, werden Sie neue Facetten an Ihrem Chef erkennen. Auch positive.

Sie sehen, dass das Verstehen des Aussehens Ihres Chefs und der daraus resultierenden Wirkungen auf Sie ein erster Ansatzpunkt ist, das eigene ‚genervt sein' besser zu verstehen. Dieser erste Erfolgsfaktor macht hier jedoch nur den Anfang – viele weitere werden wir uns nun nachfolgend ansehen.

3.1.2 Erfolgsrezept 2: Verstehen Sie sein *Fachwissen*!

Nur weil mein Chef überall mitredet,
ist er noch lange kein Fachmann!

Erinnern Sie sich noch an Christine Lambrecht. Die ehemalige deutsche Bundesverteidigungsministerin, die sich nach zwölf Monaten im Amt und vielen Sprüngen von einem fachlichen und kommunikativen Fettnäpfchen ins nächste Anfang 2023 wieder aus dem Amt verabschiedet hat? Ihr wurde während ihrer Amtszeit von Fachleuten nachgesagt, über kein ausreichendes

Fachwissen in den Themen der Landesverteidigung zu verfügen. Der interessierte Fernsehzuschauer konnte fast täglich zur abendlichen Primetime in den Nachrichtensendungen erkennen, dass dieser Vorwurf wohl zutreffend war. Zu offensichtlich war ihre ‚fachliche Inkompetenz' mit Blick auf die Anforderungen ihres Amtes. Angeblich waren schon schnell nach Amtsantritt viele Mitarbeiter von Frau Lambrechts fachlichem Nichtwissen überzeugt. Denn in der Tat: Mitarbeiter sind häufig von Chefs genervt, die nicht über ein erforderliches Mindestmaß an Fachwissen verfügen, welches zur erfolgreichen Bewältigung des Jobs und zur effektiven Führung der Mitarbeiter notwendig ist. In diesem Kontext stellen wir uns daher nachfolgend vier Fragen, die uns helfen, das Fachwissen des Chefs strukturiert offenzulegen. Wir beantworten uns die Fragen exemplarisch anhand der ehemaligen Bundesverteidigungsministerin, deren Handeln während ihrer Amtszeit medial ausführlich zu verfolgen war und somit den Lesern dieses Buches ausreichend bekannt sein sollte.

– *Verfügt Ihr Chef über die nötige Fachkompetenz?*

Ist Ihr Chef ein Experte in dem Thema, das er als Führungskraft verantwortet? Bei Frau Lambrecht bestand offensichtlich ein Defizit an relevanter und nötiger Fachkompetenz: Als Juristin hatte sie weder in ihrer Ausbildung noch ihrer gesamten beruflichen Karriere nennenswerte fachliche Kenntnisse über die Landesverteidigung erworben. Relevante Fachkompetenz war also nicht vorhanden, als sie den Job der Bundesverteidigungsministerin antrat. Und es wäre interessant zu hören, warum ihr damaliger Chef, Olaf Scholz, auf die Idee kam, Frau Lambrecht das Amt anzubieten. Und woher Frau Lambrecht den (Über-)Mut hatte, die komplexen Herausforderungen ohne fachliche Expertise anzunehmen. Vielleicht liegt die Begründung in einem anderen Kompetenzfeld, das ebenfalls das Fachwissen bestimmt.

– *Verfügt Ihr Chef über die nötige Branchenkompetenz?*

Kennt sich Ihr Chef gut in der Branche aus, in der Ihr Unternehmen aktiv ist? Ein Handelsunternehmen ist beispielsweise anders zu steuern als ein Unternehmen der Energiebranche. Ist Ihr Chef ein Kenner der Branche und kann er dieses Knowhow in seine tägliche Arbeit einbringen? Sind ihm die spezifischen Herausforderungen der Branche bekannt?

Frau Lambrecht verfügte – zumindest in Teilen – über die nötige Branchenkompetenz. Denn sie war vor ihrer Amtsübernahme unter anderem Bundesjustizministerin und seit Jahren in der Bundespolitik aktiv. Sie verfügte über die Kenntnisse, wie im politischen Berlin Entscheidungen vorbereitet, Mehrheiten innerhalb und zwischen Parteien gefunden und letztendlich Beschlüsse getroffen und umgesetzt werden. Allerdings beim wichtigeren zweiten Teil der Branchenkompetenzanforderungen an das

Amt der Bundesverteidigungsministerin, der Kenntnis der Rüstungsindustrie-Branche sowie der (Bündnis-)Verteidigung, hatte sie bekanntermaßen keine ausreichenden Kenntnisse. Auf diesem wichtigen Feld der Branchenkompetenz war sie vermutlich sogar ‚völlig blank'. Sie erkennen: Wenn wir ihr Fachwissen aus dieser Perspektive betrachten, kann es fast nicht mehr überraschen, dass Frau Lambrecht schon ab dem ersten Tag ihrer Amtsübernahme mit Vollgas auf ihre baldige Ablösung zusteuerte. Zumal die Inkompetenz des Chefs ganz besonders nervt, wenn er diese nicht eingesteht, damit nicht offen umgeht. Wenn er sich nicht helfen lassen will, die Mitarbeiter nicht aktiv in die eigenen Überlegungen einbezieht, nicht die Stärken aller bündelt, obwohl gerade das besonders wichtig ist. All diese Defizite wurden der Bundesverteidigungsministerin nachgesagt. Natürlich: Wir wissen nicht genau, ob es wirklich so war. Es wäre aber plausibel in Anbetracht dessen, was man in Presse, Funk und Fernsehen verfolgen konnte. Nämlich, dass Frau Lambrecht fachlich nicht von ihrem Team gestützt wurde. Offensichtlich war das Team genervt, zumindest illoyal. Sollte das in der Tat so gewesen sein, könnten Defizite im nachfolgenden Kompetenzfeld diesen Zustand weiter verfestigt haben.

– *Verfügt Ihr Chef über die nötige Methodenkompetenz?*

Erkennen Sie bei der Mitarbeiterführung Ihres Chefs einen roten Faden? Einen Plan? Kann Ihr Chef Menschen begeistern, abholen, mitnehmen?

Mit Blick auf Frau Lambrechts Zeit als Verteidigungsministerin kommen auch Zweifel an ihrer Methodenkompetenz auf. Sie war schon vor der Amtsübernahme als Verteidigungsministerin nicht als Führungskraft aufgefallen, die es verstand, ihre Mitarbeiter zu begeistern, für sich einzunehmen, als Team zu formen. Dazu bedarf es neben einigen persönlichen Eigenschaften wie beispielsweise Empathie und Loyalität zum Team, insbesondere auch einer professionellen Methodenkompetenz. Wie führt man heutzutage qualifizierte, mündige Mitarbeiter? Wie arbeitet man mit Experten zusammen und wie erwirbt man sich Akzeptanz trotz des offenkundig fehlenden Fachwissens? Das Verteidigungsministerium ist bekanntermaßen ein sehr hierarchisch organisiertes Gebilde, mit starren Strukturen, langen Berichtswegen und sicherlich oft ermüdenden Abstimmungsrunden. Gerade in einem solchen Umfeld ist es für neue Führungskräfte erfolgskritisch, mit agilen Arbeitsformen, mit pragmatischer Einbindung von Experten und beschleunigten Prozessen in der Entscheidungsfindung ein positives Signal der Veränderung zu setzen. Für interessierte Beobachter der Amtszeit unserer ehemaligen Bundesverteidigungsministerin kann das Urteil hinsichtlich der erfolgskritischen Methodenkompetenz nur lauten: Fehlanzeige. Nicht erkennbar.

– *Verfügt Ihr Chef über die nötige IT-Kompetenz?*

In den aktuellen Zeiten der digitalen Transformation von Unternehmen erfolgt die elektronische Kommunikation nicht mehr ausschließlich über E-Mail, sondern zunehmend auch über firmeninterne oder -externe soziale Netzwerke. Präsenzmeetings werden zunehmend von Videokonferenzen ersetzt. Die Ablage und Nutzung von Daten erfolgt immer häufiger über Kollaborationsplattformen. In diesem Kontext müssen sich auch Vorgesetzte in ihrer IT-Kompetenz weiterentwickeln. Leider tun sie es nicht immer. Es soll heute noch Vorstände von Dax-Unternehmen geben, die sich ihre E-Mails ausdrucken lassen, um sie dann schriftlich – auf Papier – zu kommentieren und mit den Vermerken an die Assistentin zurückzugeben, die sie dann wieder als E-Mail ‚digitalisiert'. Kaum zu glauben, nicht wahr? Der gleiche Vorstand soll seine Führungskräfte noch vor wenigen Jahren am Wochenende mit einem Faxgerät kontaktiert haben. Auch wenn wir hier ein Extrembeispiel betrachten: Die mangelnde Technikkompetenz Ihres Chefs kann dazu führen, dass sie genervt sind. Der entscheidende Punkt ist jetzt aber, dass sie das von seiner Fachkompetenz trennen sollten. Besagter Vorstand war ein ausgewiesener Fachmann in seinem Aufgabengebiet (Fachkompetenz) und verfügte auch über die erforderliche Erfahrung in Unternehmen dieser Branche (Branchenkompetenz). Doch darüber sprach kaum jemand, weil die direkt Betroffenen von seiner anachronistischen Arbeitsweise einfach nur genervt waren. Die erheiterten Rückfragen der Kollegen, wie denn die Zusammenarbeit mit dem ‚Fax-Chef' so läuft, taten ihr Übriges. Aufgrund der undifferenzierten Betrachtung der zweifelsfrei immer wichtiger werdenden IT-Kompetenz ging jedoch regelmäßig unter, dass es sich um einen fachlich sehr kompetenten, anerkannten Experten in seinem Themengebiet handelte. Seine mangelnde IT-Kompetenz überlagerte jedoch die Wahrnehmung der umfangreichen Fach- und Branchenkompetenz.

Von Frau Lambrechts IT-Kompetenz ist nichts bekannt, aber wie sieht es bei Ihrem Chef diesbezüglich aus? Verfügt er aus Ihrer Sicht über eine ausreichende IT-Kompetenz? Oder suchen Sie auch gerade bei eBay nach einem alten Faxgerät, um mit ihm virtuell in Kontakt bleiben zu können?

Wenn sie das Fachwissen Ihres Chefs entlang der beschriebenen vier Kompetenzfelder betrachten, wird Ihr Bild von der fachlichen Qualifikation Ihres Chefs klarer. Ihre Situation wird zwar durch Ihr differenzierteres Bild nicht angenehmer, schöner, auf keinen Fall einfacher. Aber Sie sehen entlang der dargestellten Kompetenzfelder deutlicher, wo genau Ihr Chef ‚nichts zu bieten hat'. Und haben Sie das einmal realisiert, können Sie starten, ihn zu unterstützen. Sie können nach Wegen suchen, die Situation zu verbessern.

Was können Sie jetzt aus dem bisher Gesagten konkret ableiten?

– *Fragen Sie sich differenzierter als bisher, wie es um das Fachwissen Ihres Chefs bestellt ist:*
  – Wie ist seine Fachkompetenz?
  – Wie ist seine Branchenkompetenz?
  – Wie ist seine Methodenkompetenz?
  – Wie ist seine IT-Kompetenz?
– *Wenn Sie auf den vier Kompetenzfeldern Defizite bei Ihrem Chef erkennen, können sie sofort selbst aktiv gegensteuern, zwei Beispiele:*
  – Beschreiben sie Ihrem Chef ungefragt fachliche Zusammenhänge – sollten sie bei ihm fachliche Defizite erkannt haben. Machen sie Ihrem Chef auch die Sachverhalte klar, die Ihnen bisher zu trivial erschienen, um sie ausdrücklich zu thematisieren. Versuchen Sie ausdrücklich nicht, mit komplexem eigenem Fachwissen im Austausch mit ihm zu glänzen, sondern erläutern Sie die Themen in einfachen Worten und bewusst ohne Verwendung zu vieler Fachbegriffe. Weisen sie ausdrücklich auf Konsequenzen und Ausstrahlungseffekte von fachlichen Entscheidungen auf andere Themenfelder hin. Erklären Sie auf den ersten Blick nicht erkennbare Budgetrestriktionen, prozessuale Verknüpfungen von Themen (Dominoeffekte) und so weiter. Machen sie es ihm einfach, ihren Ausführungen fachlich zu folgen.
  – Berücksichtigen Sie bei besonders wichtigen Terminen die etwaige IT-Inkompetenz des Chefs. Das heißt: Planen Sie wichtige Termine als Präsenztermine oder sorgen Sie dafür, dass ein Dritter die Einwahl ihres Chefs in Videokonferenzen durchführt. Oder informieren Sie die Sekretärin, dass Sie ein wichtiges Schreiben an den Chef per E-Mail gesendet haben und dieses Schreiben den Chef unbedingt heute noch erreichen muss.

Sie erkennen anhand dieser trivialen Beispiele, dass Sie ab sofort mehr tun können, als Sie vielleicht auf den ersten Blick erkennen. Probieren Sie es aus und schauen Sie, ob sich Ihre Situation verbessern wird. Auch an vermeintlich kleinen Stellschrauben der Zusammenarbeit anzusetzen kann zu deutlichen Verbesserungen der Situation führen und ist allemal besser, als sich in einer passiven Rolle von der vermeintlichen Inkompetenz des Chefs dauerhaft nerven zu lassen.

Dennoch sind wir uns insgesamt sicherlich einig, dass Mitarbeiter nicht dafür zuständig sind, ihren Chef aufwändig ‚fortzubilden' oder seine Defizite dauerhaft zu kompensieren. Daher sprechen wir hier auch ausdrücklich über die Ansatzpunkte eines besseren Verstehens der Defizite und ihre weitgehend aufwandsneutralen Ansatzpunkte im Umgang damit. Ganz in der Überzeugung: Sie können mehr tun, als Sie glauben, auch wenn es vermutlich nicht dazu führen wird, dass sich ein nerviger Chef allein dadurch zum Fachexperten entwickeln wird.

3.1.3 Erfolgsrezept 3: Verstehen Sie seine *Sozialkompetenz*!

*Nur weil mein Chef der Chef ist,
darf er mit mir nicht umgehen, wie er will!*

Ist Ihr Chef spröde im Umgang, im zwischenmenschlichen Umgang verhält er sich eher unterkühlt, zeigt keinerlei Interesse an Ihnen als Mensch jenseits der fachlichen Themen? Nicht mal ein gelegentliches Nachfragen, wie es Ihnen geht? Und wenn er doch mal was fragt, dann ohne erkennbares Interesse an Ihrer Antwort? Kein Interesse, ob Sie zufrieden sind mit Ihrem Job? Ob Sie zufrieden sind mit ihm als Chef? Vollkommen ichbezogen?

Wenn Sie hier einige Male spontan genickt haben, dann können Sie entlang der nachfolgenden Fragen herausfinden, wo der Kern der sozialen Inkompetenz Ihres Chefs liegt und welches Feld seiner Sozialkompetenz Sie besonders nervt. Stellen wir uns daher die wichtigsten Fragen zu seiner Sozialkompetenz:

– *Ist Ihr Chef verständnisbereit?*

Nervt Sie die mangelnde Verständnisbereitschaft Ihres Chefs? Gute Chefs berücksichtigen immer die aktuelle Situation und Disposition des Mitarbeiters, ohne gleich von den vereinbarten Zielen abzurücken. Sie nehmen den Mitarbeiter ernst und wollen die Gründe verstehen, die vorgetragen werden. Sie reflektieren sofort, was die vorgetragenen Argumente und Gründe des Mitarbeiters für ihn und das Team bedeuten.

Gute Chefs haben beispielsweise dafür Verständnis, wenn das Kind der alleinerziehenden Mutter erkrankt ist. Sie verstehen, dass ihr Mitarbeiter nachmittags die Mutter im Krankenhaus besuchen will. Sie verstehen, was es bedeutet, wenn im Team der einzige Experte zur Lösung eines spezifischen Problems für zwei Wochen erkrankt ist und daraus Terminprobleme für die Finalisierung der Gesamtlösung resultieren. Sie können und wollen die Situation, in der Sie sind, verstehen und konstruktiv lösen – unter Einbeziehung aller Personen und Sichtweisen. Das heißt ausdrücklich nicht, dass Ihr Chef immer Ihrer Meinung ist, dass er stets zur gleichen Einschätzung einer Situation kommt wie Sie. Das würde Sie aber auch nicht stören. Denn viel mehr als das passive Dulden Ihrer Ausführungen stört sie, dass der Chef sich – offensichtlich – gar nicht die Mühe macht, Sie zu verstehen. Stattdessen vermittelt er Ihnen permanent den Eindruck seines Desinteresses. Und das reicht schon, um Sie zu nerven. Denn in einem Team, in dem jeder für den anderen da ist, versteht man sich im wahrsten Sinne des Wortes. Aus diesem Verständnis füreinander unterstützt man sich. Bei mangelnder Verständnisbereitschaft fehlt jedoch die Grundlage, die Situation des anderen anzuerkennen und zu verstehen. Aber erst daraus entsteht letztlich der Antrieb, den anderen zu unterstützen.

Mangelndes Verständnis des Chefs ist daher nahezu immer kontraproduktiv, in der Regel sogar enttäuschend für die Mitarbeiter. Denn jeder Mensch will ganzheitlich gesehen und nicht nur auf ein mechanisches Funktionieren zum Zwecke der Zielerreichung reduziert werden. Das zur gemeinsamen Zielerreichung im Team immer auch persönliche Interessen unterzuordnen sind, steht außer Frage. Auf dem Weg zum Ziel spielt jedoch die Verständnisbereitschaft untereinander eine entscheidende Rolle – je weniger vom Chef davon gezeigt und authentisch vorgelebt wird, umso nerviger wird er meistens empfunden. Wie sieht es bei Ihnen aus – ist Ihr Chef verständnisbereit?

– *Ist Ihr Chef kooperationsfähig?*

Die Arbeit im Team macht Ihnen Spaß? Ist Ihr Chef ein erkennbar aktiver Bestandteil des Teams oder nicht? Bringt Ihr Chef Ideen in das Team ein, fordert er Feedback zu seinen Ideen, ist er bereit, bei guten Argumenten auch von der eigenen Idee abzurücken, eigene Standpunkte zu überdenken, wenn tragfähige Argumente aus dem Team kommen?

Kooperationsfähigkeit setzt voraus, dass man sich auf die Menschen einlässt, mit denen man zusammenarbeitet. Man nimmt ihre Ideen auf, man reflektiert sie. Man ist gerne mit dem Team zusammen, man kennt sich im wahrsten Sinne des Wortes. Nicht selten stellen Chefs den so wichtigen Teamspirit heraus, reden von vertrauensvoller Zusammenarbeit, tragen aber selbst nichts dazu bei, bringen sich selbst nicht aktiv ins Team ein, stehen irgendwie außerhalb des Teams. Das nervt in vielen Fällen.

Betont Ihr Chef häufig ‚das Team', ist selbst aber nicht fähig mit dem Team aktiv zusammenzuarbeiten, so erkennen sie auch daran Defizite seiner Kooperationsfähigkeit. T E A M steht bei diesen Chefs häufig für: Toll Ein Anderer Macht's. Besonders nervig wird es für Sie, wenn der Chef seine mangelnde Kooperationsfähigkeit aufgrund eines antiquierten Führungsverständnisses offenbart: Der Chef lässt sich Arbeitsergebnisse zeigen und fokussiert sich ausschließlich auf das Kritisieren der vermeintlichen Fehler. Ohne Anerkennung Ihres Inputs, den sie mit bestem Wissen und Gewissen geliefert haben.

Demgegenüber setzt Kooperationsfähigkeit voraus, dass der Chef einerseits wirklich kooperieren will und andererseits auch kooperieren kann. Im ersten Fall will er ein echter Bestandteil des Teams, ein Teammitglied auf Augenhöhe zu allen anderen Teammitgliedern sein, weil er vermutlich die enorme Power gut funktionierender Teams bereits schätzen gelernt hat. Wenn er im zweiten Fall persönlich auch einen positiven inhaltlichen und prozessualen Beitrag zum Teamergebnis leisten kann, sind alle Voraussetzungen für eine erfolgreiche Kooperation mit Ihnen gegeben. Fehlt einer der beiden Gründe, werden Sie vermutlich früher oder später von ihm genervt sein. Fragen Sie sich daher: Kann und will Ihr Chef kooperieren? Und vor allem: Kooperiert er?

— *Ist Ihr Chef integrationsfähig?*
Chefs sind ein bisschen wie Orchesterdirigenten, die alle Solisten im Orchester zu einer harmonischen Einheit integrieren müssen. Sonst klingt das Orchester nicht gut – trotz guter Solisten!

Integriert auch Ihr Chef alle Mitarbeiter ins Team? Überlegen Sie: Wie geht Ihr Chef zum Beispiel vor, wenn neue Kollegen ins Team kommen? Integrative Chefs organisieren Termine, in denen sich das Team und der neue Kollege ungezwungen begegnen können. Sei es bei einem Begrüßungstermin, in dem alle Teammitglieder dabei sind und der Chef den Kollegen ‚einführt'. Oder im Rahmen eines Regel-Teammeetings, zu dem der Chef den neuen Kollegen erstmalig einlädt und ausdrücklich willkommen heißt, das Eis bricht, den Neuen mit dem Team zusammenbringt. Nicht, dass die eigene Integration nicht auch Aufgabe eines jeden neuen Mitarbeiters selbst wäre und von seiner Eigeninitiative abhängt – integrative Chefs unterstützen sie aber tatkräftig. Sie begreifen die Integration von Mitarbeitern als Führungsaufgabe.

Wie ist das bei Ihrem Chef? Geht er beispielsweise mit Ihnen auch mal ins Betriebsrestaurant? Dann könnten Sie auch beim Mittagessen seine Integrationsfähigkeit beobachten: Sehen integrative Chefs beispielsweise die suchenden Blicke von Mitarbeitern einer anderen Abteilung, die im überfüllten Betriebsrestaurant vergeblich einen freien Tisch suchen, so bietet er die freien Stühle an seinem Tisch an. Er freut sich, mit den Kollegen ins Gespräch zu kommen. Dabei spricht er gerne über Themen, die für alle interessant sind. Themen, bei denen die Leistung aller im Unternehmen reflektiert wird. Integrative Chefs geben allen am Tisch das Gefühl, dass sie im gleichen Unternehmen arbeiten und alle für das Unternehmen wichtig sind. Er unterscheidet nicht nach Hierarchien – der Sachbearbeiter wird von ihm genauso angesprochen wie der Bereichsleiter. Man ist gerne mit ihm zusammen, es fühlt sich gut an in seiner Nähe.

Das kennen Sie nicht? Hoffentlich hat Ihr Chef dann aber zumindest die Gabe, bei neuaufgesetzten Projektteams allen Beteiligten zu erklären, warum sie im Team dabei sind, insbesondere, wenn die Kompetenzen im Team sehr unterschiedlich verteilt sind? Integrative Chefs verleihen zum Projektstart jedem das Prädikat ‚wertvoll' und stellen auf diese Weise von Anfang an die gleiche Augenhöhe aller im Projektteam her. Und gleiche Augenhöhe führt zu Integration – denn, wenn von Anfang an alle gleich groß sind, muss man die vermeintlich Kleinen erst gar nicht integrieren. Das macht Ihr Chef auch nicht?

Ok, dann bitte stellen Sie sich hier noch eine letzte Frage: Wie geht Ihr Chef mit seiner Assistentin um – sofern er eine hat? Ist sie seine fachliche Partnerin, ein in jeder Hinsicht vollwertiges Teammitglied, in fachlichen Sitzungen häufig auch anwesend und daher in viele Inhalte integriert, die die Abteilung beschäftigen? Oder ist sie hauptsächlich seine ‚Kellnerin', die ihm morgens den Cappuccino zubereitet und mittags sein Essen organisiert, das er dann im Büro hinter verschlossenen Türen zu sich nimmt? Sie tritt eigentlich nur in Erscheinung, wenn sie irgendwas hinter ihm wegräumt oder ihn in Videokonferenzen einwählt? Zu melden hat sie bei ihm nichts, was man auch täglich im Umgang mit dem Chef beobachten kann. Machen sie dies, machen sie das. Sie ist mehr Befehlsempfängerin als fachliche Partnerin.

Sollten Sie hier an der einen oder anderen Stelle ihren Chef wiedererkannt haben, dann kommt ein Teil ihrer Frustration von der mangelnden Integrationsfähigkeit Ihres Chefs. Integrationsschwache Chefs nerven die Mitarbeiter, weil sie es nicht schaffen, langfristig funktionierende Teams zu bilden! Sie sind nicht in der Lage, Menschen zusammenzuführen und gemeinsam besser zu machen.

– *Ist ihr Chef konfliktfähig?*

Wir stellen uns zunächst zwei Situationen vor, in denen Ihr Chef in Konflikte gerät, und beobachten seine Reaktionen:

– Sie haben einen Vieraugengespräch mit Ihrem Chef und eröffnen ihm vertrauensvoll, dass er aus Ihrer Sicht vor einigen Tagen eine fachliche Fehlentscheidung getroffen hat. Sie begründen es ausführlich und machen Vorschläge, wie man den Fehler rückgängig machen könnte. Ihr Chef lässt Sie jedoch nicht ausreden, sondern geht in die Offensive und konfrontiert Sie mit ihren Fehlern, die aus seiner Sicht die vermeintliche Fehlerlawine erst ins Rollen gebracht hat. Er sei als Chef nur so fehlerfrei wie seine Mitarbeiter und Sie müssten sich nach ihren Schilderungen zuallererst selbst hinterfragen, bevor Sie das anderen in die Schuhe schieben. Rumms, das hat gesessen! Was ist passiert?

Ihr Chef dreht den vermeintlichen Konflikt, der bei genauer Betrachtung anfangs gar keiner war, einfach um. Sie sind nun ‚auskunftspflichtig', kommen in Bedrängnis, obwohl Sie doch nur einen Verbesserungsvorschlag gemacht haben. Das enttäuscht Sie, weil sie anstatt Anerkennung für Ihr aufmerksames und konstruktives Mitdenken mit dem Vorwurf eigener Fehler konfrontiert werden. Und diese Konfrontation nervt Sie.

– Stellen wir uns vor, wir sitzen in einem Meeting mit Ihrem Chef, in dem seine Projektleiter ihre jeweiligen Projektfortschritte vorstellen. Aufgrund von Krankheitsfällen und Projektbudgetkürzungen haben Sie seit Wochen für ihr Projekt angezeigt, dass sie aufgrund dieser nicht von Ihnen zu vertretenden Defizite in der Projektausstattung die Fertigstellung von bestimmten Projektergebnissen nicht sicherstellen können. Sie waren in dieser Zeit mit weit überdurchschnittlichem Einsatz vorangegangen, die entstehenden Verzögerungen zu minimieren. Als Sie heute ihren Projektstatus vortragen, beschreiben sie die seit Wochen zu erwartenden und von Ihnen immer wieder thematisierten Ursachen für die jetzt eintretenden Verzögerungen. Ihr Chef schleudert Ihnen vor versammelter Mannschaft dennoch entgegen: „Ich kann diese dauernden Entschuldigungen nicht mehr hören!" Sie erwidern ruhig und sachlich: „Darüber sprechen wir seit acht Wochen und wir konnten die personellen Rahmenbedingungen nicht verbessern, auch sie nicht"! Jetzt wird Ihr Chef so richtig pampig: „Kümmern Sie sich doch einfach um Ihre Aufgaben, machen sie Ihren Job besser und rufen sie nicht andauernd nach fremder Hilfe. Ich brauche hier erfolgreiche Macher und keine Bürokraten"! Was ist passiert? Aufgrund der mangelhaften Konfliktfähigkeit Ihres Chefs wurde die zwingend erforderliche fachliche Diskussion nicht geführt. Ihr Chef konnte mit Ihrem fachlichen Einwand nicht souverän und konstruktiv umgehen. Er ist der fachlichen Auseinandersetzung mit den von Ihnen vorgetragenen Gründen der Verzögerung aus dem Weg gegangen und hat stattdessen die so dringend erforderliche inhaltliche Klärung in einen unproduktiven persönlichen Konflikt umgewandelt. Das nervt Sie und wird Ihrem hohen Einsatz im Projekt auch nicht gerecht.

Anhand der Beispiele sehen Sie: Wenn Sie das Verhalten ihres Chefs beobachten, können Sie erkennen, wie konfliktfähig er ist. Wie verhält er sich bei Meinungsverschiedenheiten? Wie reagiert er, wenn der Ton rauer wird, die Kommentare persönlicher werden und nicht mehr sachlich sind?

Chefs können hinsichtlich ihrer Konfliktfähigkeit in drei Gruppen gegliedert werden – welcher Gruppe gehört Ihr Chef an?

– Zur ersten Gruppe gehören diejenigen Chefs, die schnell zurückschießen, sich wehren, wenn sie glauben, in einen Konflikt zu geraten. Sie fühlen sich auch bei fachlichen Diskussionen schnell persönlich angegriffen und blasen zum Gegenangriff – wie in den oben beschriebenen Beispielen dargestellt.

- Chefs der zweiten Gruppe lassen Konflikte gerne vorbeischwimmen, schauen lieber weg bei Konflikten, wollen diese nicht sehen, erst recht nicht ‚anfassen'. In der Hoffnung, dass sie sich von selbst lösen werden. Tun sie aber meistens nicht. Sie verändern sich zwar, werden aber typischerweise vom Nichtstun eher größer als kleiner.

Die Chefs dieser ersten beiden Gruppen nerven gewaltig, weil sie ihrer Führungsrolle nicht angemessen nachkommen.

- Chefs der dritten Gruppe gehen konstruktiv mit Konflikten um. Sie fordern und fördern fachliche Konflikte, fachliche Auseinandersetzungen. Mit dem Ziel, im fachlichen Diskurs die beste Lösung zu erzielen. Dies tun sie immer auf der Grundlage der persönlichen Wertschätzung des Gegenübers. Sie achten aufmerksam darauf, dass aus konstruktiven fachlichen Auseinandersetzungen keine unproduktiven persönlichen Konflikte entstehen. Der Chef fungiert hier im Team als Moderator, erkennt aufkommende persönliche Konflikte früh und nimmt ‚Druck raus', sollten sich Menschen auf der persönlichen Ebene konfliktär begegnen.

Sollten Sie diesen Typ Chef haben – Glückwunsch! Halten Sie ihn sich warm, denn diese Eigenschaften der Konfliktfähigkeit sind nicht nur menschlich angenehm, sondern pushen Teams auch regelmäßig zu Bestleistungen. Gehört Ihr Chef in eine der beiden anderen Gruppen, dann nervt er Sie vermutlich früher oder später.

- *Ist Ihr Chef kontaktfähig?*

Wie haben Sie Ihren Chef erlebt, als Sie ihn zum ersten Mal kennengelernt haben? Hatten Sie den Eindruck, dass es ihm leichtfällt, auf Sie zuzugehen? Freute er sich, Sie zu sehen und Sie kamen schnell mit ihm ins Gespräch? Oder ist er vielleicht nach anfänglichen Berührungsängsten erst aufgetaut? Wie sehen heute die Kontakte zu ihm aus – vermittelt er Ihnen den Eindruck, dass Ihre fachlichen Beiträge wertvoll sind, selbst wenn sie nicht immer Berücksichtigung finden können? Aber Sie können – und sollen – jederzeit auf ihn zugehen, um Ideen zu äußern? Dann ist Ihr Chef kontaktfähig.

Chefs, die sich demgegenüber sehr distanziert verhalten, können die Mitarbeiter stressen, weil man in der Regel nicht genau weiß, woran man ist. Jenseits der objektiven Kriterien, ob sie als Mitarbeiter geschätzt werden, beziehen sie den Großteil der Feedbacks implizit durch die Kontakte mit ihrem Chef. Wenn dieses Zusammenkommen zwischen Ihnen und Ihrem

3.1 Verstehen Sie Ihren Chef

Chef schwerfällig ist, selten stattfindet oder sogar ganz fehlt, so läuft bei Ihnen vermutlich ein ‚tägliches Kopfkino' ab, welche Defizite der Chef wohl bei Ihnen sehen mag. Genau das könnte bei Ihnen aber zu einer Fehlinterpretation Ihrer Situation führen. Denn überlegen Sie bitte: Könnte gegebenenfalls der von Ihnen als unbefriedigend empfundene Kontakt nicht auch darin begründet sein, dass Ihr Chef nur Defizite bei der Kontaktfähigkeit aufweist? Dass er eigentlich gar nicht gerne mit Mitarbeitern spricht, weil die Begegnung mehr Belastung als Freude für ihn ist? Für solche Chefs sind Mitarbeiter die bittere Pille ihrer Führungsaufgaben. Sie schlucken diese Pille, weil sie den Vorteil des höheren Führungskräftegehalts, des Geschäftswagens, der besseren Altersversorgung, kurzum: sämtlicher Annehmlichkeiten der Führungsrolle, insgesamt höher einschätzen als die zu erwartenden Nachteile der ungeliebten Mitarbeiterführung. Vielleicht ist es Ihrem Chef im innersten des Herzens ein Gräuel, sich in Kontakt zu Menschen zu begeben? Vielleich auch deshalb, weil er in den zurückliegenden Jahren schlechte Erfahrungen mit Menschen gemacht hat.

Bedenken Sie: Die Kontaktfähigkeit Ihres Chefs, das heißt, seine Fähigkeit zum aktiven und von Ihm gesteuerten Austausch mit Ihnen, ist die notwendige Voraussetzung, um sich überhaupt miteinander auseinanderzusetzen. Doch so trivial das klingen mag – die mangelnde Kontaktfähigkeit des Chefs ist nicht selten der Kern von gestörten Beziehungen zu den Mitarbeitern.

Bitte überlegen Sie daher: Wie ist das bei Ihrem Chef? Und auch mal ganz offen gefragt: Wie kontaktfähig sind Sie?

– *Ist Ihr Chef empathisch?*

Mangelnde Kontaktfähigkeit des Chefs ist häufig verbunden mit einer gewissen Empathielosigkeit. Unter Empathie verstehen wir die Fähigkeit des Chefs, die Welt ‚mit den Augen der Mitarbeiter' zu betrachten.

Empathische Führungskräfte erkennen typischerweise schnell, wenn es Mitarbeitern nicht gut geht. Wenn sie fragen „Wie geht es Ihnen?", ist es keine Floskel, sie meinen es auch so. Sie sind interessiert am Gegenüber. Sie hören aktiv zu, wenn Mitarbeiter sprechen. Sie fragen nach, bestätigen Aussagen, ergänzen sie mit eigenen Erfahrungen und Eindrücken.

Demgegenüber fragen sich empathielose Chefs nicht, wie es Ihnen geht. Denn es interessiert sie nicht. Und sollte Ihr nicht empathischer Chef dennoch fragen, wie es Ihnen geht, dann merken sie schnell, dass er Ihnen danach nicht richtig zuhört. Nicht empathische Chefs erkennen und antizipieren nicht, was in Ihnen vorgeht, was Sie denken, wie Dinge bei Ihnen ankommen, was bestimmte Aussagen womöglich bei Ihnen auslösen werden. Das nervt Sie, aber bei näherer Betrachtung kann man es ihm allein noch nicht mal vorwerfen. Man müsste sich auch fragen, warum Ihrem Chef irgendwann einmal Personalverantwortung übertragen wurde. Denn mangelt es dem Chef an Empathie, kann er Mitarbeiter nicht gut führen. Hinzu kommt, dass Empathie nur schwer erlernbar ist. Daher geht bei Führungskräften in solchen Fällen ohne das echte Eingeständnis der eigenen Defizite sowie des festen Willens, sich sukzessive verbessern zu wollen, nichts.

Erfolgreiche Chefs sind im Handeln meistens kompromisslos und konsequent, aber immer teamorientiert und vor allem stets empathisch. Nur so sind sie in der Lage, Mitarbeiter zu Höchstleistungen zu bewegen. Wenn sich Mitarbeiter wahrgenommen und verstanden fühlen, setzen sie sich bestmöglich für die Sache ein. Denn für empathische Chefs arbeitet man in der Regel gerne, selbst dann, wenn man nicht immer ihrer Meinung ist. Haben Sie einen empathischen Chef oder sind Sie genervt von seiner nicht empathischen Art?

– *Ist Ihr Chef emotional intelligent?*

Empathie ist ein Bestandteil der emotionalen Intelligenz. Emotional intelligente Führungskräfte sind empathisch, das heißt sie können die Welt mit den Augen ihres Mitarbeiters sehen. Sie sind darüber hinaus aber auch in der Lage, die richtigen Schlüsse daraus zu ziehen. Sie erkennen, wann Mitarbeiter positiv zu motivieren sind, anstatt sie für etwas zu maßregeln. Emotional intelligente Chefs wissen, welche ‚Knöpfe' sie bei ihren Mitarbeitern drücken müssen. Nicht mit dem Ziel, sie zu manipulieren. Sondern um den richtigen Ton zu treffen, das richtige Thema zum richtigen Zeitpunkt im richtigen Moment zu adressieren. Emotional intelligente Menschen sind in der Lage, sachlich hart zu kritisieren, ohne dem Gegenüber das Gefühl von Respektlosigkeit zu vermitteln oder ihn als Mensch abzuwerten.

Leider gibt es aber auch Fälle, in denen emotional intelligente Menschen ihre Fähigkeiten missbrauchen, um andere Menschen zu manipulieren, sie sogar vorsätzlich zu betrügen. In der Kriminalistik wird beispielsweise professionellen Heiratsschwindlern eine hohe emotionale Intelligenz zugesprochen, die sie betrügerisch nutzen. Sie verfügen über das hohe Maß an Empathie, um sich zunächst gut in ihre Opfer hineinversetzen zu können. Sie bauen Vertrauen auf und nutzen ihre ausgeprägte emotionale Intelligenz, um zum geeigneten Zeitpunkt die Opfer um ihr Geld zu bringen.

Doch weg von den Heiratsschwindlern – hin zu ihrem Chef. Haben sie den Eindruck, dass ihr Chef emotional intelligent ist? Das wäre er beispielsweise, wenn er Ihnen unerwartet einen Nachmittag frei gibt, weil Sie sich in den letzten Wochen für ein Projekt aufgerieben haben und er erkannt hat, dass Sie nach den vielen Überstunden auch mal ‚durchatmen' müssen! Belastungssteuerung nennt man das im Hochleistungssport. Dazu muss man jedoch als Führungskraft erkennen und akzeptieren, dass eine außerordentliche Belastung vorliegt!

Wie wirkt ein Chef auf Sie, der nicht zur Beerdigung seines plötzlich verstorbenen, langjährigen Mitarbeiters kommt – mit der aus seiner Sicht ausreichenden Begründung: „Ich kann den Paralleltermin mit einem Lieferanten partout nicht verlegen und bereite zudem einen wichtigen Akquise-Termin vor?" Es fallen einem spontan viele Titulierungen eines solchen Verhaltens ein. Empathielos ist es allemal!

Oder haben Sie vielleicht doch eher den Chef, der sich aufrichtig nach ihrem persönlichen Wohlbefinden erkundigt, weil er erkannt hat, dass Sie in den letzten Wochen verändert sind? Dann zeigt er eine Form von Empathie, die selten geworden ist in den Führungsetagen der Unternehmen. Aber handelt er nicht, nachdem Sie ihm beispielsweise eröffnet haben, sich vorübergehend in einer schwierigen privaten Situation zu befinden, indem er Ihnen zum Beispiel vorübergehend flexiblere Arbeitszeiten zugesteht, so entstehen Fragen nach seiner emotionalen Intelligenz. Denn scheinbar war es für ihn genug der Fürsorge, dass er Ihnen zugehört hat. Aber damit wir uns auch hier nicht missverstehen: Der Chef ist nicht für Ihr Privatleben und die daraus resultierenden Belastungen verantwortlich. Gute Chefs schauen jedoch ganzheitlich auf ihre Mitarbeiter: Sie betrachten die Führungssituation auch mit den Augen des Mitarbeiters und leiten daraus eigene Führungsentscheidungen ab, die den Mitarbeiter bestenfalls auch emotional erreichen. Sie sind menschlich, fair, und handeln darüber hinaus – zumindest mittel- und langfristig – sogar noch ökonomisch sinnvoll. Denn jeder Mitarbeiter arbeitet umso besser, wenn es ihm gut geht. Er honoriert es mit einem Mehr an Loyalität und Einsatz, wenn er sich als Mensch und nicht als Produktionsfaktor des Unternehmens wahrgenommen fühlt. Daran erkennen Sie, dass mangelnde emotionale Intelligenz bei Führungskräften auf Dauer schlichtweg geschäftsschädigend werden kann.

Doch nun zurück zu Ihnen und Ihrem Chef: Nervt es Sie, weil Ihr Chef sich nicht für Sie interessiert, sondern nur für Ihre Ergebnisse? Oder noch schlimmer; nur für die Fehler, die Sie machen? Dann mangelt es ihm an Empathie und erst recht an emotionaler Intelligenz. Das allein ist häufig schon sehr enttäuschend. Besonders nervig wird es jedoch dann, wenn der Chef zwar empathisch ist, jedoch keine oder die falschen Rückschlüsse aus seinen Erkenntnissen zieht. Viele Chefs erkennen zwar, was Mitarbeiter bewegt (sie sind also empathisch), nehmen sich aber nicht die Zeit, diese Erkenntnis aktiv zu managen und im Führungsalltag zu berücksichtigen. Andere Chefs würden vielleicht gerne handeln, trauen sich aber nicht, weil sie in Sorge sind, im Kreise der Führungsmannschaft des Unternehmens als ‚zu weich' und mitarbeiterbezogen gesehen zu werden. In Unternehmen mit einer ‚altmodisch konservativen' Führungskultur wird ein Führungsverhalten, welches die Mitarbeiterpositionen berücksichtigt und reflektiert, nicht selten als Führungsschwäche ausgelegt. Und welche Führungskraft hat nicht schon mal den typischen ‚Chef-Satz' gehört: „Da müssen Sie halt mal durchgreifen, mal auf den Tisch hauen! Zeigen Sie Ihrem Team mal deutlich, wer der Herr im Haus ist!" Das Durchgreifen und auf den Tisch hauen ist sicherlich ein Werkzeug, das jeder Chef in seinem Werkzeugkasten haben sollte. Dieses Werkzeug sollte jedoch nur sehr selten, am besten nie, eingesetzt werden. Viel wirkungsvoller ist das in der Sache konsequente, aber stets emotional intelligente Führen der Mitarbeiter. Ist ihr Chef emotional intelligent?

3.1.4 Erfolgsrezept 4: Verstehen Sie seine *Handlungskompetenz*!

Nur weil sich mein Chef nicht gerne entscheidet,
darf er mich noch lange nicht bremsen!

Nervt Sie Ihr Chef, weil er nicht handelt? Sie adressieren an ihn Handlungsbedarfe, schlagen Veränderungen vor, aber es passiert nichts? Ihr Chef setzt nichts um? Dennoch diskutiert er gerne, ist auch ein geschätzter Gesprächspartner für Experten, weil er fachlich gut ist? Aber er handelt nicht?

Er unterstützt Sie auch nicht, wenn es darum geht, gemeinsam etwas zu bewegen? Selbst dann nicht, wenn man sich in der Sache einig ist? Wenn man sich sicher ist, dass das, für was man eintritt, für das Unternehmen gut und richtig wäre?

Das nervt und frustriert Sie. Doch der Chef findet immer wieder Wege, oder genauer gesagt Auswege, um nicht Farbe bekennen zu müssen. Schauen wir uns Ihren Chef doch mal etwas genauer an, woran es im Einzelnen liegen könnte, dass er einfach nicht handeln und umsetzen will.

– *Besitzt Ihr Chef Gestaltungswillen?*

Gestaltet Ihr Chef gerne oder mangelt es ihm an Gestaltungswillen? Es gibt sie natürlich, die Chefs, die etwas gestalten wollen, die kreative Lösungen gemeinsam mit ihren Mitarbeitern entwickeln und umsetzen wollen. Die geradezu auftauen, wenn sie inhaltlich im Team mitarbeiten, insbesondere wenn es etwas Neues zu entwickeln gibt.

Es gibt sie, die Chefs, die bei einer Neuorganisation geradezu aufblühen, weil etwas Neues, etwas Besseres im Unternehmen entsteht. Weil für sie auch der Weg zum Ziel einen großen Reiz hat. Weil sie gerne aktiv sind und im Prozess des Gestaltens, des Entwickelns von Neuem geradezu aufgehen. Solche Chefs bleiben nie stehen und begeistern ihre Mitarbeiter immer wieder mit ihrer inspirierenden, aktiven, anpackenden Art.

Es gibt aber auch die anderen Chefs, die ‚Verwalter', die oft gewaltig nerven: Sie gestalten nicht, sondern bewahren, sie richten den Blick auf die Risiken der Arbeit und deren Vermeidung und sind blind für die vielen Chancen auf dem Weg nach vorne. Ferner haben sie in vielen Fällen keinen vernünftigen Plan, erst recht keine Vision, in welche Richtung man die Dinge weiterentwickeln kann und soll. Chefs ohne Gestaltungswillen machen selten was als erster, sie laufen bestenfalls den Entwicklungen hinterher – und oft selbst das nicht. Da sie typischerweise das Risiko scheuen, lassen sie erstmal die anderen machen. Was sie häufig nicht davon abhält, die Arbeit der aktiven Gestalter wortreich zu kritisieren.

Chefs mit mangelndem Gestaltungswillen finden häufig das Haar in der Suppe, warum Dinge nicht gehen. Sie fallen aber so gut wie nie dadurch auf, einen konstruktiven, mutigen Vorschlag für Verbesserungen zu machen. In Arbeitsgruppen sind sie diejenigen, die bestenfalls mal Ergebnisse vortragen, bringen diese Gruppen aber inhaltlich nicht voran. Vielmehr erinnert man bei diesen Chefs schon wenige Wochen nach Projektabschluss nicht mehr, ob sie bei diesem Projekt überhaupt dabei waren und erst recht nicht, welchen inhaltlichen Beitrag sie geleistet haben. Graue Maus anstatt Pink Panther, Angsthase anstatt Macher. Sind wir mal ehrlich: Solche Chefs will keiner haben, weil einem die Passivität irgendwann auf die Nerven geht.

Mangelt es auch Ihrem Chef an Gestaltungswillen? Leider kann man hier als Mitarbeiter in der Regel nicht allzu viel ausrichten. Und in den 30 Jahren meiner beruflichen Karriere habe ich auch nie einen gestaltungsschwachen Chef auf einmal durchstarten sehen. Wer nicht gestalten will oder kann, bleibt fast immer die graue Maus, die er ist.

Lässt der gestaltungsschwache Chef die Mitarbeiter machen und führt sie an der langen Leine, ist es für die Mannschaft häufig noch erträglich. Wenn er jedoch demgegenüber alles tut, um die Gestaltung von Themen und Lösungen zu bremsen, wird er zur emotionalen Dauerbelastung für das Team. Ich hoffe, das ist bei Ihnen nicht so! Bitte fragen Sie sich daher: Zeigt Ihr Chef Gestaltungswillen und wenn ja, woran machen Sie das fest? Ist Ihr Chef eher der ‚Angsthase' oder der ‚Macher'.

– *Ist Ihr Chef ergebnisorientiert?*

Am Ende zählt immer das Ergebnis, nicht wahr? Gute Chefs artikulieren klar, welche Ziele sie mit dem Team verfolgen, welche Ergebnisse sie gemeinsam mit ihrem Team erreichen wollen. Sie sind auf dem Weg zur

Zielerreichung nah beim Team, ja Bestandteil des Teams. Nervige Chefs hingegen geben unrealistische, überambitionierte Ziele vor. Sie schauen danach ausschließlich auf die Ergebnisse und blenden den Weg zum Ergebnis aus. Stattdessen wird hoher Druck aufgebaut, die Ziele zu erreichen. Doch eine unrealistische Ergebniserwartung ist in den Augen der Mitarbeiter unsinnig. Sie demotiviert, frustriert und nervt diejenigen Mitarbeiter, die stets einen hohen Einsatz bringen, der jedoch bekanntermaßen nicht automatisch immer zum erwarteten Ergebnis führt. Und erst recht nicht zu Erreichung völlig unrealistischer Ziele. In diesem Kontext honorieren nervige Chefs Ihren hohen persönlichen Einsatz nicht, sondern schauen ausschließlich auf die kurzfristigen Ergebnisse. Fehler machen ist ohnehin verboten. Das ist auch deshalb sehr kurzsichtig, weil aus gemachten Fehlern im gesamten Team gelernt werden kann und eine offene Fehlerkultur bei hohem Einsatz des Teams mittel- und langfristig zu besseren Ergebnissen führt als die Zusammenarbeit in einer Fehlervermeidungskultur.

Sind Sie genervt von Ihrem Chef, weil er Ihren hohen Einsatz, Ihren Beitrag zum Gesamtergebnis der Abteilung nicht sieht? Ihre Kollegen, mit denen Sie arbeiten, schätzen demgegenüber Ihre Arbeit in jeder Hinsicht, insbesondere mit Blick auf Ihren Beitrag zur Erreichung des bestmöglichen Teamergebnisses? Dann ist doch eigentlich alles gut, oder? Nein, denn wenn Ihr Chef Ihren Beitrag zu den Ergebnissen nicht erkennt, lebt er vermutlich noch in einer alten Führungswelt. Konnten früher die Ergebnisse in einer stärker arbeitsteiligen und weniger vernetzten Welt viel einfacher einzelnen Mitarbeitern zugeordnet werden, so ist das in Zeiten der digitalen Transformation – in denen das tägliche Teamwork unverzichtbare Voraussetzung zum Erreichen von Zielen ist – nicht mehr so. Alle Mitarbeiter erarbeiten vernetzt und interaktiv gemeinsame Ergebnisse, ohne dass man einzelnen Teammitgliedern im Nachhinein einen exakten eigenen Beitrag zuschreiben kann. Fragen Sie doch mal Ihren Chef, ob er das auch so sieht. Das sollten Sie insbesondere dann tun, wenn Ihr Chef von Ihnen ‚mehr Ergebnisse' fordert, Sie aber einen wichtigen Beitrag zum Gesamtergebnis der Gruppe leisten. Versuchen Sie es, häufig sind Chefs sogar froh darüber, wenn Ihnen auf diese Weise die Augen geöffnet werden. Wenn Sie Ihren Chef nicht belehren, sondern informieren, wird er Ihnen vermutlich dankbar sein für diese neue Perspektive auf Ihren Beitrag zum Teamergebnis. Gehen Sie nicht zwingenderweise davon aus, dass Ihr Chef das weiß. Auch wenn er es wissen müsste, weiß er es häufig nicht! Bitte machen Sie sich das klar!

3.1 Verstehen Sie Ihren Chef

– *Ist Ihr Chef entscheidungsfreudig?*

Jeder Mitarbeiter braucht früher oder später Entscheidungen des Chefs. Stellen wir uns die folgende Situation vor: Sie haben eine konkrete fachliche Frage, wie Sie an einer Aufgabe weiterarbeiten sollen. Denn Sie sind auf ein komplexes Problem bei der Projektentwicklung gestoßen und schlagen Ihrem Chef vor, einen externen Spezialisten für einen Tag hinzuzuziehen. Die Kosten belaufen sich auf den Tagessatz des Beraters in Höhe von 1.500 Euro. Das Team selbst verfügt nicht über die erforderlichen Kenntnisse und kommt ohne die schnelle externe Unterstützung nicht weiter. Sie legen Ihrem Chef dar, dass diese Investition für das Projekt unter Risikogesichtspunkten erforderlich und hinsichtlich des stets umsichtig gemanagten Projektbudgets auch problemlos möglich ist. Es fehlt lediglich seine Unterschrift auf der Beauftragung. Doch Ihr Chef unterschreibt nicht, er entscheidet es nicht. Stattdessen übersät er Sie mit Fragen und Hinweisen, die Sie bei der konkreten Problemlösung keinen Schritt weiterbringen. Im Gegenteil. Sie haben nach der Rücksprache mit dem Chef mehr Fragen als vorher. Er hat Ihre Frage nach der Genehmigung der Beauftragung weder mit einem klaren Nein noch mit einem klaren Ja beantwortet. Sie hatten das schon befürchtet, denn meistens haben Sie nach solchen Terminen mit dem Chef mehr Fragen als vorher. So kommen Sie nicht weiter. Das nervt Sie! Da hilft es Ihnen auch nicht, dass Ihnen die Kollegen von ähnlichen Erlebnissen berichten. Viele Führungskräfte scheinen keinen Mut zu haben, Entscheidungen zu treffen, auch mal etwas falsch zu machen, einen Fehler zu begehen, für einen Fehler dann auch einzustehen und ihn zu korrigieren. Sie erkennen nicht, dass Nicht-Entscheiden das Problem nur vertagt, häufig sogar verschlimmert. Und sie erkennen auch nicht, dass ihr Nicht-Entscheiden die Motivation der Mitarbeiter kontinuierlich reduziert. Denn diese sind nach einiger Zeit frustriert. Erst recht, wenn man als Mitarbeiter schon mal einen entscheidungsfreudigen Chef hatte und daher bereits erlebt hat, dass es auch anders geht. Wenn man Chefs kennt, die nach der angemessenen Sondierung der Fakten- und Ausgangslage eindeutige Antworten auf gestellte Fragen geben. Die Ihnen unmissverständlich ins Gesicht sagen: „Danke für Ihren guten Vorschlag – genauso machen wir's!" Solche Chefs wissen, dass sie bei einer etwaigen Fehlentscheidung die Sachlage später neu bewerten werden, um dann wieder schnellstmöglich mit bestem Wissen und Gewissen zu entscheiden. Eben weil sie Entscheider sind und keine Bremser oder Verwalter. Weil sie gerne entscheiden, denn sie wissen, wie wichtig es ist, Mitarbeitern mit einer eindeutigen Entscheidung auch mal den Rücken zu stärken, Unklarheiten zu reduzieren, Verantwortung zu übernehmen. So fühlen sich die Mitarbeiter nicht alleingelassen. Der Chef ist echter Bestandteil des Teams und trägt mit seinen Entscheidungen gerne Verantwortung mit. Doch viele Chefs wollen genau das nicht. Sie wollen nicht die Verantwortung für Ergebnisse des Teams übernehmen. Erst recht nicht, wenn noch gar nicht feststeht, ob die Ergebnisse später als Erfolg oder Misserfolg zu werten sind. Aber genau das merken die Mitarbeiter. Und das nervt sie. Zudem führt es typischerweise zu Lethargie in der ganzen Abteilung.

Doch was können Sie dagegen tun? Nun, versuchen Sie es doch mal mit möglichst einfachen, geschlossenen Fragen. Geschlossene Fragen sind solche Fragen, die vom Chef nur mit ‚ja' oder ‚nein' beantwortet werden können. Im Beispiel der Beauftragung des externen Experten könnten Sie der geschilderten Reaktion Ihres Chefs wie folgt begegnen: „Also, ich nehme aus unserem Gespräch heute mit: Wir sind uns einig, einen externen Experten für einen Tag ins Projekt zu integrieren und Sie werden mir bis morgen die Beauftragung des Beraters auf der Grundlage meiner bestätigten Budgetverfügbarkeit freizeichnen"? Die Antwort auf diese geschlossene Frage kann sinnvoll nur lauten: ‚ja' oder ‚nein' – ein ‚vielleicht' wollen Sie nicht hören und sollten Sie nicht akzeptieren. Denn es hilft niemandem weiter. Und sollte Ihr Chef hier wieder verbal ausbrechen, so wiederholen Sie gerne die Frage: „Also ich verstehe das Ganze so, dass ich den externen Experten beauftragen kann und sie die Beauftragung freizeichnen?" Häufig hilft es, wenn Sie ihrem entscheidungsschwachen Chef die Entscheidungsalternativen (ja/nein) nochmal ausdrücklich vor Augen führen und ihn vor allem auf die jeweiligen Vorteile einer Entscheidung sowie die Nachteile einer Nicht-Entscheidung explizit hinweisen. Wenn Sie das tun, werden Sie voraussichtlich Erfolge sehen. Ihr Chef wird dadurch nicht automatisch entscheidungsfreudiger, sondern entscheidet aufgrund der von Ihnen mundgerecht gelieferten Entscheidungsvorlage mit Hilfe der erwähnten geschlossenen Frage zum weiteren Vorgehen. Daran erkennen Sie, dass sie Ihrem Chef aktiv helfen können, Entscheidungen schneller zu treffen! Besteht bei Ihrem Chef Handlungsbedarf? Ist er entscheidungsfreudig oder müssen sie hier zukünftig etwas nachhelfen?

– *Ist Ihr Chef mobil?*

Arbeiten Sie und Ihre Kollegen an verschiedenen Standorten? Und Ihr Chef sitzt an einem weiteren Standort – vielleicht sogar im Ausland. Dann bekommen Sie sehr schnell ein Gefühl dafür, wie mobil Ihr Chef ist. Wie viel es ihm wert ist, regelmäßig seine Mitarbeiter zu sehen. Und zwar nicht nur via MS-Teams oder Zoom-Meeting. Dennoch ist das inzwischen der bevorzugte virtuelle Raum, in dem sich Chefs und Mitarbeiter häufig begegnen.

Nervig kann es werden, wenn der Chef physische Mobilität von seinen Mitarbeitern fordert, sie aber selbst nicht vorlebt. Der, anstatt auch selbst zu reisen, meistens sie anreisen lässt. Der mit Ihnen am Montagmorgen um 8 Uhr ein Präsenzmeeting durchführt, bei dem Sie aufgrund einer räumlichen Distanz von mehreren hundert Kilometern entweder schon am Sonntag anreisen oder montags mitten in der Nacht aufstehen müssen, um dann übermüdet um 8 Uhr beim Chef zu sitzen. Obwohl er wenige Tage später zu einem seiner seltenen Geschäftstermine an Ihrem Standort ist, aber es nicht für nötig hält, bei Ihnen vorbeizuschauen. Geschweige denn, Ihren Montagstermin auf diesen Tag zu legen. Sie spüren bei solchen Chefs, dass mangelnde Mobilität häufig auch mit einer sehr eingeschränkten Flexibilität einhergeht. Und der Weg von der eingeschränkten Flexibilität des Chefs hin zu einer vom Mitarbeiter empfundenen geringen Wertschätzung ist dann nicht mehr weit. Beispielsweise zu beobachten bei solchen Chefs, die am Montagabend noch einen privaten Termin wahrnehmen und deshalb erst dienstags zum ‚Abteilungs-Offsite' anreisen, während sich das Team schon am Vorabend zum Get-Together treffen soll. Übrigens auf ausdrücklichen Wunsch des Chefs!

Es ist immer wieder erstaunlich, wie viele Führungskräfte im wahrsten Sinne des Wortes immobil sind! Da können Sie als Mitarbeiter in der Regel nicht viel machen. Seien Sie sich über ein solches Manko des Chefs bewusst und denken sie proaktiv nach vorne: So können Sie zum Beispiel bei Terminen mit zeitlichem Vorlauf einen Videokonferenztermin über die Sekretärin vom Chef einstellen lassen, bevor der Chef das Präsenzmeeting anberaumt mit der Konsequenz für Sie, aufgrund seiner geringen Mobilität wieder mal viele hundert Kilometer auf der Autobahn zu verbringen. Wie mobil ist Ihr Chef? Ist das ein kritischer Punkt in Ihrer Zusammenarbeit?

– *Ist Ihr Chef tatkräftig?*

Wir sprachen bereits von mangelnder Entscheidungsfreude von Chefs. Diese entscheiden nichts, warum auch immer. Das nervt. Darüber hinaus gibt es aber auch Chefs, die zwar entscheiden, danach dann aber nichts umsetzen. Sie handeln nicht, sondern zaudern. Anstatt nach der Entscheidung zügig umzusetzen, warten sie lieber ab. Solchen Chefs mangelt es an Tatkraft, und sie haben in der Regel im Unternehmen auch wenig ‚Verbündete', die ihnen bei ihren Taten helfen könnten.

Für sie als Mitarbeiter ist ein nicht tatkräftiger Chef fast noch enttäuschender als der nicht entscheidungsfreudige Chef. Denn mit der Entscheidung des Chefs geht normalerweise der Wunsch der Mitarbeiter einher, das Beschlossene nun in Angriff zu nehmen, in die Hände zu spucken und umzusetzen, den Worten Taten folgen zu lassen. All das wird durch Chefs erschwert, denen es an Tatkraft fehlt.

Wie sieht es bei Ihrem Chef aus? Entscheidet er viel, macht dann aber wenig? Besonders nervig sind diejenigen Chefs, die nichts umsetzen und dem Team dann auch noch im Weg stehen. Die nichts zur Lösung beitragen, aber dennoch überall mitreden wollen. Sie verweisen dabei typischerweise auch gerne auf ihren hierarchischen Status und verlangsamen durch viel unproduktives Palaver die Prozesse. Sätze wie: „Das muss ich als Ihre Führungskraft wissen" oder: „So können Sie das aber nicht machen" kommen Ihnen bekannt vor? Das frustrierende bei Chefs ohne Tatkraft ist, dass Sie als Mitarbeiter nahezu alles allein machen müssen, dass Sie keine echten Hilfestellungen bekommen, dass Sie ihr Chef nicht mit seiner eigenen Tatkraft mitreißt und Lust darauf macht, Themen aktiv umzusetzen.

Was können Sie also tun, wenn der Chef nicht mitmacht? Nun, Mitarbeiter regeln dann mitunter die Dinge selbst, ohne ihren Chef aktiv einzubeziehen. Sie tasten sich heran, wie viel sie autonom erledigen können. Manchmal ist der Chef insgeheim dankbar, wenn er außen vor gelassen wird. Aber Achtung: Wir sprechen hier nicht über ein subversives Übergehen des Chefs. Wir sprechen hier vielmehr über den konstruktiven Umgang mit Chefs, die partout nicht handeln wollen, die nichts anpacken wollen. Und da könnte die pragmatische Devise sein: Dann mach' ich's mit den Kollegen selbst und halte ihn auf dem Laufenden. Und zwar so, dass er objektiv im Bilde ist, er Sie aber mit seiner Lethargie nicht permanent ausbremst. Daraus kann schnell eine Win-win-Situation entstehen. Nämlich dann, wenn der Chef die Zunahme Ihrer Tatkraft zu schätzen lernt und Sie machen lässt. Und vielleicht sogar von guten Ergebnissen profitiert – auch wenn er vermutlich dann gar nicht genau weiß, warum! Wenn Sie gute Ergebnisse liefern, können tatenlose Chefs sogar Ihre Arbeitsfreude heben – nämlich dann, wenn Sie Ihre Freiheiten im Job kreativ ausleben und nutzen dürfen und man Ihnen darüber hinaus vielleicht sogar ausdrücklich vertraut, Sie für Ihr konsequentes Anpacken und Umsetzen sogar schätzt. Tatenlose Chefs können gerade von emotional intelligenten Mitarbeitern häufig gut gemanagt werden. Ist Ihr Chef tatkräftig? Oder überlegen Sie schon, wie Sie ihn ab morgen ‚anpacken'?

– *Ist Ihr Chef belastbar?*

Gibt Ihr Chef unter Stress seine Stimmungen ungefiltert an Sie weiter? Kann er etwaige Misserfolge gut wegstecken? Ist er in der Lage, Druck vom Team fernzuhalten, damit die Mannschaft bestmöglich in Ruhe arbeiten kann? Sieht man es ihm an, wenn er unter Druck gerät und sein Stresslevel zunimmt? Und lässt er in seiner Leistung sichtbar nach, wenn die Belastung dauerhaft hoch ist?

Wenn Ihr Chef bei steigendem Leistungs- oder Ergebnisdruck von außen in seiner Vorgesetztenrolle nicht als ‚Druckausgleich' für das Team fungiert, werden Sie sich manchmal fragen, wozu sie so einen Chef dann eigentlich brauchen. Viele Chefs verstärken sogar noch den Druck aufs Team, wenn sie selbst Druck verspüren. Diese Form der direkten Übertragung des Drucks auf das Team führt in der Regel zu unproduktivem Stress bei den Mitarbeitern. Das nervt. Das zehrt an den Kräften aller.

Leistungsfähige Chefs sind demgegenüber diejenigen Chefs, die die Stärken der jeweiligen Teammitglieder stets optimal einsetzen. In der Gewissheit, dass das Team bestmöglich arbeitet, halten sie unnötigen Druck vom Team fern. Sie lassen das Team in Ruhe arbeiten und delegieren Aufgaben und Entscheidungen dorthin, wo sie bestmöglich bearbeitet werden können. Im Team! Wozu etwas selbst machen, wenn's andere besser, schneller, effektiver können. Und in der Regel auch noch motiviert werden, wenn sie vom Chef den Vertrauensvorschuss erhalten und innerhalb bestimmter Grenzen freie Hand bei der Aufgabenerledigung haben. Gute Chefs sind dennoch inhaltlich immer im Bilde. Schlechte Chefs kümmern sich demgegenüber im Tagesgeschäft um wenig und erleben dann Stress, wenn sie auf einmal Inhalte vertreten müssen, von denen sie zu weit weg sind. Sie reagieren in solcher Situation typischerweise mit dem Verbreiten von operativer Hektik. Dann sind für den Chef ‚Zahlen/Daten/Fakten' in kürzester Zeit zusammenzutragen und der Druck steigt. Das nervt, denn Sie müssen scheinbar selbstverständliche Informationen zeitintensiv für ihn aufbereiten und bereitstellen. Alles muss jetzt und sofort erledigt werden, damit der Chef möglichst schnell wieder ‚runterkommt'.

Demgegenüber gibt es aber auch andere Chefs; nennen wir sie die ‚Pseudo-Belastbaren'. An ihnen perlt äußerlich jede Belastung einfach ab. Sie kennen scheinbar keinen Druck. Sie zeigen auch bei Zunahme von Belastungen äußerlich keine sichtbare Regung, ja sie sind fast teilnahmslos, irgendwie entkoppelt von der Belastungszunahme um sie herum. Das erzeugt auch kein gutes Gefühl in der Mannschaft. Diese Vorgesetzten schicken gerne ein Mitglied aus dem Team in die kritischen Meetings, lassen ihre Mitarbeiter die kritischen Zahlen vorstellen. Sollen die sich doch die Finger verbrennen. Der Chef ruht in sich, scheinbar teilnahmslos. Das nervt und hat häufig auch etwas mit mangelnder Motivation oder mangelnder Risikotoleranz zu tun, die wir uns nachfolgend etwas näher ansehen. Wie belastbar ist Ihr Chef und welche Reaktionen zeigt er bei steigender Belastung?

– *Ist Ihr Chef risikotolerant?*

Geht Ihr Chef kalkulierbare Risiken ein? Ist er risikofreudig oder meidet er lieber Risiken? Entscheidungen müssen in unserer immer komplexer werdenden Arbeitswelt unter immer größeren Unsicherheiten getroffen werden. Somit wächst beim Treffen von Entscheidungen das Risiko, eine

Fehlentscheidung zu treffen. Und die Ergebnisse von Fehlentscheidungen tragen sachlogisch immer den Fehler des Entscheiders in sich. Risikotolerante Chefs korrigieren ihren Fehler, lernen daraus und vermeiden ihn zukünftig. So tickt Ihr Chef aber nicht? Er will stets fehlerfrei bleiben? Fehler sind pauschal verpönt bei ihm? Dann nervt Ihr Chef vermutlich aufgrund seiner mangelnden Risikotoleranz.

Risikotoleranz von Führungskräften meint ausdrücklich nicht die Bereitschaft, unkalkulierbare ‚Harakiri-Entscheidungen' zu treffen. Es geht vielmehr darum, in einer zunehmend komplexen Welt ein steigendes Maß an Unsicherheit ausdrücklich zu akzeptieren und an diesem Selbstverständnis die eigene Risikotoleranz auszurichten. Liegt diese Risikotoleranz bei Ihrem Chef nicht im erforderlichen Umfang vor, so kann sie gegenüber Ihnen in zweierlei Hinsicht zutage treten: Entweder verhindert Ihr Chef, dass Entscheidungen getroffen werden, weil sein permanentes Beschäftigen mit dem, was bei der Entscheidung alles falsch laufen könnte, seine Entscheidungsfreude lähmt. Oder aber Ihr Chef lässt Sie die Entscheidungen treffen, toleriert sie, um sich dann von der Entscheidung zu distanzieren, sollte ein Risiko eingetreten sein, das er ja gerade meiden wollte.

Ein Besipiel: Sie gehen mit Ihrem Chef in eine Geschäftsleitungssitzung. Sie haben als Prozessexperte des Unternehmens den Auftrag erhalten, eine Untersuchung zur Effektivität der Finanzprozesse des Unternehmens durchzuführen und die Ergebnisse der Geschäftsleitung vorzustellen. Ihre Ergebnisse belegen eindrucksvoll, dass der Finanzbereich des Unternehmens im Benchmark-Vergleich zu viele Mitarbeiter und zu langsame Prozesse hat. Es zeigt sich ein alles in allem verheerendes Bild. Sie gehen als Vortragender in die Geschäftsleitungssitzung und stellen die Ergebnisse vor; faktenbasiert und gut nachvollziehbar. Plötzlich geht der Finanzchef in die Offensive, da er sich als Verantwortlicher durch die unerfreulichen Fakten persönlich angegriffen fühlt. Er stellt pauschal die Erhebungsmethode der Personalzahlen in Frage und macht seine Kritik an einer geringfügigen Abweichung einer Mitarbeiteranzahl seines Fachbereiches bei einer Auslandsgesellschaft fest. Ein für das Gesamtergebnis der Untersuchung zu vernachlässigender Punkt, wenn auch zutreffend. Jetzt entbrennt eine hitzige Diskussion zwischen Finanzgeschäftsführer und Ihnen zur Richtigkeit dieser einen Zahl. Der Ton wird rauer, das fachliche Argument, dass diese eine Zahl aufgrund ihrer minimalen Abweichung keinerlei Relevanz für das Gesamtergebnis der Analyse hat, tritt immer mehr in den Hintergrund. Der Finanzgeschäftsführer schießt weiter scharf gegen Sie, bis Ihr Chef – ebenfalls anwesend – das Wort ergreift: „Ich hatte meinem Mitarbeiter ja auch schon vor dem Meeting gesagt, dass er die Zahlen im Detail verifizieren soll, bevor er hier auftritt! Ich wusste nicht, dass die Personalzahl bezüglich der Auslandsgesellschaft diese Unschärfe hat. Ich denke auch, so können wir nicht arbeiten, da verstehe ich unseren Finanzchef." Rumms, der Kommentar hat gesessen. So sieht Solidarität mit dem eigenen Mitarbeiter definitiv nicht aus. Doch was ist passiert? Ihr Vorgesetzter ist eingeknickt, weil er das Risiko, in der sich hochschaukelnden Diskussion selbst angegriffen zu werden, als zu hoch eingeschätzt hat und nicht bereit war, dieses Risiko zu tragen. Stattdessen hat er Sie allein im Regen stehen lassen – obwohl Sie sich erkennbar akribisch vorbereitet und vor allem vorher ausführlich mit Ihrem Chef abgestimmt hatten. Die angemessene Reaktion wäre gewesen, die Unschärfe bei einer Zahl einzuräumen, aber mit Nachdruck darauf hinzuweisen, dass dies für die Aussage und das Ergebnis der beauftragten Untersuchung völlig irrelevant ist. Man hätte hier als Chef Flagge für den eigenen Mitarbeiter und die akribisch erarbeiteten Ergebnisse zeigen müssen. Doch dann wäre man gegen den aufbrausenden Finanzgeschäftsführer ins persönliche Risiko gegangen. Denn der Ausgang der Diskussion war natürlich zu diesem Zeitpunkt noch offen. Sie können sich vorstellen, wie demotivierend und frustrierend sich diese nicht vorhandene Risikotoleranz des Vorgesetzten beim Mitarbeiter ausgewirkt hat. So viel steht fest: Für diesen Chef geht der Mitarbeiter zukünftig nicht mehr durchs Feuer. Denn der hier beschriebene Chef lässt seinen Mitarbeiter fallen, wenn sein persönliches Risiko steigt. Wenn er konkret Position beziehen muss.

Haben Sie auch so einen Chef? Das nervt und im geschilderten Beispiel verletzt es sogar den Mitarbeiter. Denn auch im Berufsleben sollte für Vorgesetzte und ihre Teams gelten: Wir gewinnen und wir verlieren zusammen. Und wenn es mal Gegenwind gibt, sollte sich der Mitarbeiter darauf verlassen können, dass der Chef ‚steht' und sich nicht mit vollen Hosen vom Mitarbeiter distanziert. Der Grund ist leider häufig die mangelnde Risikotoleranz des Chefs, die zudem nicht selten eine tief verwurzelte persönliche Eigenschaft des Vorgesetzten widerspiegelt. Wie schätzen sie Ihre eigene Führungssituation ein? Ist Ihr Chef risikotolerant?

3.1.5 Erfolgsrezept 5: Verstehen Sie seine *Personale Kompetenz*!

Nur weil sich mein Chef nicht mehr verändern will,
darf er hier nicht alles aufhalten!

Lässt Ihr Chef die Eigenschaften vermissen, die einen Menschen ausmachen, mit dem man gerne zusammenarbeitet? Wir schauen uns nachfolgend die wichtigsten personalen Kompetenzfelder Ihres Chefs an und öffnen auf diese Weise Ihre Augen für mögliche Frustrationsquellen, die Sie bisher hinsichtlich ihrer Entstehung noch nicht klar lokalisiert haben.

— *Ist Ihr Chef zuverlässig?*

Wer kennt sie nicht, die folgenden Aussagen von Chefs: „Was interessiert mich mein Geschwätz von gestern?" Oder: „Wir müssen halt flexibel sein, da muss ich meine Entscheidungen im Sinne der Abteilung ändern!" Oder: „Mit der heutigen Budgetsituation der Abteilung kann ich die gemachte Zusage Ihnen gegenüber nicht mehr einhalten!"

Natürlich müssen Vorgesetzte flexibel sein, müssen Entscheidungen neu treffen, wenn es veränderte Rahmenbedingungen erfordern. Um diese Form der Flexibilität geht es hier ausdrücklich nicht. Wir sprechen hier darüber, dass unzuverlässige Chefs ihre Zusagen schon dann nicht mehr einhalten, wenn es ihnen in den Kram passt. Obwohl sie im Wort stehen. Wenn beispielsweise der Chef dem Mitarbeiter die bevorstehende Beförderung zugesagt hat, ‚muss' diese Beförderung kommen. Wenn dem Mitarbeiter die Gehaltserhöhung zugesagt wurde, ‚muss' diese Gehaltserhöhung kommen. Wenn der Chef dem Mitarbeiter die Fortbildungsmaßnahme zugesagt hat, ‚muss' diese Zusage eingehalten werden. Sind Chefs unzuverlässig in dem, was sie sagen und tun, so säen sie bei ihren Mitarbeitern eine Kultur des Misstrauens, die sogar mit auf den ersten Blick gar nicht ersichtlichen Stresssituationen einhergehen kann. Wenn Sie beispielsweise bis zum letzten Tag Ihrer Familie nicht verbindlich sagen können, ob Sie den seit Wochen genehmigten Urlaub auch wirklich nehmen können, weil Ihr Chef gerne mit Verweis auf die angespannte Projektsituation kurzfristige Urlaubssperren ausspricht, so steigert das nicht Ihr Wohlbefinden.

Damit wir uns aber nicht missverstehen: Wenn's wirklich mal ‚lichterloh brennt' im Projekt, dann müssen alle mit anpacken. Auch Sie. Und das tun Sie auch. Aber wir sprechen hier über eine Form der wahrgenommenen Willkür von Chefs, die in vielen Unternehmen leider gang und gäbe ist. Wo der Chef – patriarchalisch – getroffene Absprachen bricht, und zwar mit nicht nachvollziehbaren Begründungen. Oder gar ohne Begründung. Hier sprechen wir über die Chefs, bei denen eine gemachte Zusage keinen Wert hat, weil sie morgen schon wieder grundlos revidiert werden kann. Wir sprechen hier über Chefs, die von Ihnen in jeder Hinsicht Zuverlässigkeit verlangen, sie selbst aber nicht vorleben. Das erkennen Sie daran, dass unzuverlässige Chefs vereinbarte Termine platzen lassen. Oder regelmäßig zu spät kommen und Sie warten lassen. Auch wenn es vielleicht in vielen Unternehmen heutzutage eher die Regel als die Ausnahme ist, ist es dennoch nicht zu tolerieren. Zeigt es doch im Kleinen die Unzuverlässigkeit des Chefs, die nicht selten in einem schlechten Zeitmanagement begründet ist. Und auch hier sprechen wir nicht vom einmaligen Zuspätkommen, weil dem Chef etwas Unvorhersehbares dazwischengekommen ist. Das kann immer passieren und ist nicht zu kritisieren. Wir sprechen hier über die täglich wiederkehrende Unzuverlässigkeit in selbstverständlichen Dingen wie dem pünktlichen Einhalten von zugesagten Terminen – und dazu gehört beispielsweise auch die Einhaltung der vereinbarten Startzeit. Und seien Sie ehrlich – die regelmäßige Unpünktlichkeit von Menschen nervt. Auch die von Chefs. Zudem führt sie unterschwellig zu dem unguten Gefühl, irgendwie nicht wichtig zu sein, nicht ausreichend ernst genommen zu werden. Kennen Sie dieses Gefühl? Wie zuverlässig ist Ihr Chef?

– *Ist Ihr Chef loyal?*

Ein häufig von Führungskräften unterschätzter Motivator der Mitarbeiter ist die Loyalität des Chefs. Unter Loyalität können wir – zunächst ganz generell und vereinfacht – die Identifikation mit etwas verstehen. Identifikation mit Ihnen, den Teammitgliedern, den Werten und Zielen des Unternehmens, der Strategie. Ein loyaler Chef steht hinter den Mitarbeitern, er steht zu seinem Team. Das heißt ausdrücklich nicht, dass der Chef alles und jeden in Schutz nimmt. Es heißt ebenfalls nicht, dass Fehler nicht offen angesprochen werden. Und es schließt auch nicht aus, dass man fachlich und inhaltlich sehr kritisch miteinander umgeht. Im Gegenteil. Loyale Chefs lassen nie Zweifel daran aufkommen, dass alle im gleichen Boot sitzen, dass man für die gleichen Ziele kämpft, dass man jedes Teammitglied als Mensch und unabhängig von der fachlichen Qualifikation gleich wertschätzt. Loyalität ist ein wichtiger Stützpfeiler gemeinsamer Höchstleistung, denn sie baut Vertrauen auf. Loyalität des Chefs gibt Mitarbeitern ein gutes Gefühl, lässt sie spüren, dass der Chef im gleichen Team spielt wie man selbst.

Aber bei Ihnen ist das ganz anders? Sie erleben Ihren Chef als einen Vorgesetzten, der sich eigentlich weder mit Ihnen noch mit dem Unternehmen verbunden fühlt? Gemeinsame Werte mit Ihnen und dem Team sind ihm fremd? Mit Worten wie Glaubwürdigkeit und Vertrauen kann er nichts anfangen? Dann ist es mit der Loyalität des Chefs auch nicht so weit her. Loyalität kann im täglichen Arbeitsleben nicht einfach verordnet werden. Sie bedarf einer Überzeugung. Liegt sie nicht vor, spürt es das Team. Mangelnde Loyalität sorgt für ein distanziertes Gefühl zum Chef, ohne dass man ihm gleich explizit etwas vorwerfen könnte. Denn mangelnde Loyalität ist oft schwer greifbar, aber sofort negativ wirksam. Schauen Sie daher genau hin bei Ihrem Chef.

Es kann vorkommen, dass der Chef im persönlichen Kontakt mit den Mitarbeitern illoyal wirkt, aber wie ein Löwe für sein Team im Unternehmen eintritt. Entgegen der illoyalen Wirkung im direkten Kontakt mit den Mitarbeitern kann dies der Ausdruck echter Loyalität zu ihnen sein. Es ist aber auch nicht auszuschließen, dass das Eigeninteresse des Chefs der wahre Antrieb ist, um so die eigene Leistung in ein besseres Licht zu stellen. Schauen Sie daher genau hin bei Ihrem Chef, ob er mit Blick auf sein tatsächliches Verhalten wirklich loyal zu Ihnen ist.

- *Ist Ihr Chef einsatzbereit?*

Kennen sie die Chefs, die um 17 Uhr bei Ihnen einen Auftrag platzieren, der bis morgen fertig sein muss, selbst dann aber ab 17.05 Uhr nicht mehr erreichbar sind? Nun muss der Chef nicht immer zeitlich parallel zu seinen Mitarbeitern verfügbar sein und er muss auch nicht immer der Letzte sein, der im Büro abends die Lichter ausmacht. Zumal die Anwesenheit nur bedingt etwas mit echter Einsatzbereitschaft fürs Team und die gemeinsamen Herausforderungen zu tun hat. Hier soll vielmehr der Fokus auf solche Chefs gelegt werden, die harte Arbeit predigen, aber selbst selten ins Schwitzen kommen. Chefs, die regelmäßig einen hohen persönlichen Einsatz von ihren Mitarbeitern verlangen, jedoch selbst ihre Komfortzone nicht verlassen. Die auf die Uhr schauen, wenn etwas scheinbar zu viel ihrer Zeit in Anspruch nimmt, jedoch vom Team immer maximale zeitliche Flexibilität verlangen. Gerne auch ohne Rücksicht auf das Privatleben. Solche Vorgesetzten verlieren schnell die Akzeptanz bei ihren Mitarbeitern. Auch bei Ihnen? Vorgesetzte sollten vorleben, was sie von anderen verlangen. Nicht notwendigerweise jeden Tag zu jeder Minute, aber als roten Faden in ihrem Handeln und Tun.

Aber woran erkennen Sie denn nun mangelnde Einsatzbereitschaft von Chefs? Sie zeigt sich im oben beschriebenen Beispiel daran, dass der Chef heute seinen festen wöchentlichen Termin um 17.30 Uhr zum Tennisspielen einhält, während er vom Team verlangt, heute noch den Sonderauftrag für den morgigen Tag zu erledigen. Das bedeutet für einige Teammitglieder, private Termine verschieben zu müssen. Und gerade heute wäre die fachliche Unterstützung des Chefs hilfreich gewesen. Jede Hand hilft, was den positiven Nebeneffekt gehabt hätte, dass alle im Team ein bisschen früher in den mehr als verdienten Feierabend hätten gehen können. So aber entschwindet nur der Chef, während seine Mitarbeiter malochen.

Mangelnde persönliche Einsatzbereitschaft erkennen Sie auch daran, wenn sich der Vorgesetzte nicht für die Belange von Ihnen einsetzt. Wenn Widerstände zu erwarten sind, wenn es aufwändig wird, wenn es gegebenenfalls unangenehm wird. Hat Ihnen beispielsweise Ihr Chef eine Beförderung zugesagt, die nun aufgrund einer angespannten Personalbudgetsituation zum wiederholten Male um weitere sechs Monate verschoben werden soll, so setzt sich ein einsatzbereiter Chef dafür ein, die Beförderung trotz der widrigen Umstände dennoch durchzuführen. Er spricht beispielsweise mit seinem Chef, dass es nun aus vielen Gründen trotz aller Widrigkeiten an der Zeit ist, seinen fleißigen und erfolgreichen Mitarbeiter zu befördern. Er spricht mit dem Personalchef des Unternehmens, erläutert ihm die Situation und fordert hier aktiv eine Lösung im Sinne des Mitarbeiters. Kurzum: Der Chef setzt sich ein, was nicht immer dazu führt, dass sein Einsatz erfolgreich sein wird. Aber ein Mitarbeiter merkt, wenn sich der Chef für ihn einsetzt. Mitarbeiter merken, ob der Chef einsatzbereit ist. Ob er sein Wort halten will. Verlässlich sein will. Und zwar erstmal losgelöst vom Ergebnis, das von vielen Faktoren abhängt. Auch wenn am Ende die beschriebene Beförderung des Mitarbeiters zum wiederholten Male aufgrund der genannten Restriktionen wieder nicht möglich sein sollte, so wird der Mitarbeiter die Einsatzbereitschaft des Chefs, sein Versprechen zu halten, honorieren. Bei aller Enttäuschung, dass es im Ergebnis nicht funktioniert hat. Demgegenüber nervt es den Mitarbeiter – zu Recht – wenn es ein Ungleichgewicht gibt zwischen dem wahrgenommenen Einsatz des Chefs und dem eigenen Einsatz.

Wie sieht es bei Ihrem Chef aus? Ist er einsatzbereit? Woran machen Sie seine Einsatzbereitschaft fest? Und sollten Sie von seiner Einsatzbereitschaft enttäuscht sein – woran genau liegt es?

– *Ist Ihr Chef lernbereit?*

Ein Chef muss nichts mehr dazulernen – der weiß schon alles – sonst wäre er ja nicht der Chef? Dieses antiquierte Führungsverständnis war schon immer Unsinn. Denn man lernt bekanntlich nie aus – auch Chefs nicht. Und trotzdem entstehen in Unternehmen immer wieder nervige Situationen, wenn sich das Team im Zeitverlauf weiterentwickelt, der Chef jedoch nicht. Es wird häufig schon an kleinen Dingen sichtbar: Wer kennt sie nicht, die Chefs, die nicht in der Lage sind, die eigene Videokonferenzanlage zu starten. Oder die Chefs, die keine Telefongespräche weiterverbinden können, weil sie die IT-basierte Telefonanlage nicht bedienen können. Oder auch jene Chefs, die sich nicht aktiv mit den fundamentalen Veränderungen der Erwartungen von Mitarbeitern ans Unternehmen beschäftigen, weil sie in den letzten Jahren nicht gelernt haben, dass sich die Lebensstile und damit die Erwartungen der ins Unternehmen kommenden Generation Z (Jahrgang 2000 und jünger) verändert haben. Zu diesen veränderten Erwartungen gehören beispielsweise die Flexibilisierung des Arbeitsortes und der Arbeitszeit, agiles Arbeiten im Team, oder die Kommunikation auf Augenhöhe. Allein diese Erwartungen der jungen Generation stellen neue Anforderungen an die Führungskraft. Chefs müssen lernen, mit diesen neuen Anforderungen umzugehen, sie aktiv zu managen. Viele der älteren Führungskräfte in Unternehmen wurden jedoch anders sozialisiert als die zunehmend wachsende Zahl der jungen Mitarbeiter. Diese ‚alte Garde' weiß typischerweise fachlich viel, kennt das Unternehmen und die Branche gut und hat auch langjährige Führungserfahrungen. Gerade deshalb wird es nervig, wenn sie sich in der heutigen Zeit mit ihren vielen neuen Anforderungen nicht angemessen weiterentwickeln. Mangels Interesses, mangels zeitlichen Einsatzes. Oder aus einem falsch verstandenen Bild von Mitarbeiterführung, bei dem sich der Chef immer noch als der fachlich Beste versteht, weil ihm vor 20 Jahren mit diesem Argument die erste Führungsrolle übertragen wurde. Daher kann Sie Ihr Chef auch aus fachlicher Sicht nerven, nämlich dann, wenn er nicht realisiert, dass Sie ihm bei bestimmten Themen fachlich überlegen sind und er keine Anzeichen erkennen lässt, dies wertzuschätzen und zu nutzen.

Erfolgreiche Chefs akzeptieren und fördern die fachliche Überlegenheit einzelner Teammitglieder und versuchen sich stets auf ein gutes fachliches Niveau ‚heranzuarbeiten'. So leben sie Lernbereitschaft vor. Andernfalls verlangsamen sie durch ihre mangelnde Lernbereitschaft Entscheidungsprozesse. Der offene Umgang mit den eigenen Defiziten und dem daraus resultierenden eigenen Lernen, strahlt auf das ganze Team aus und ist auch aus diesem Grunde wichtig. Denn ohne Lernen geht es in den aktuellen Zeiten nicht. Das, was gestern noch richtig war, ist heute bereits überholt, häufig sogar falsch, nicht selten auch gefährlich, wenn man gedankenlos so weitermacht, wie man es schon immer gemacht hat. Wer alte Verhaltensmuster stur repliziert, weil ‚wir das schon immer so machen', riskiert, fahrlässig Fehler in der Sache zu machen sowie die Solidarität des Teams zu verlieren. Denn insbesondere die jüngeren Mitarbeiter wollen permanent dazulernen und sind von Chefs genervt, die das nicht wollen und sie dabei hindern.

Wie sieht es bei Ihrem Chef aus? Haben Sie einen lernwilligen Chef? Und wenn Sie von Ihrem Chef genervt sind, könnte es daran liegen, dass er keine Lernbereitschaft zeigt oder ihre Lernbereitschaft bremst? Warum auch immer? Denken Sie bitte nach, ob hier ein Treiber Ihrer Abneigung gegen Ihren Chef zu finden ist.

– *Ist Ihr Chef hilfsbereit?*

Unter Hilfsbereitschaft versteht man im Allgemeinen die nicht an Bedingungen geknüpfte Unterstützung des anderen. Hilfsbereitschaft zeigt sich häufig im Helfen, ohne dass jemand explizit darum gebeten hat. Sie ist so gesehen eine naheliegende Führungseigenschaft. Fehlende Hilfsbereitschaft von Chefs führt im Tagesgeschäft schnell zur Frustration der Mitarbeiter. Denn diese fragen sich früher oder später, worin die fehlende Hilfestellung des Chefs begründet ist, da sie vom Chef Unterstützung erwarten.

Echte Hilfsbereitschaft von Chefs führt zu einem von Mitarbeitern wahrgenommenen Gefühl des ‚Akzeptiert-Seins', des ‚wahrgenommen und geschätzt Werdens'. Guten Chefs gelingt es, dass die gegebenen Hilfeleistungen beim Mitarbeiter nicht als Ausgleich von Wissens- oder Verhaltensdefiziten oder gar Kompensation von Schlechtleistungen missverstanden werden. Denn sie helfen auf der Grundlage der guten persönlichen Beziehung zum Mitarbeiter, des bestehenden Vertrauensverhältnisses, der gemeinsamen Ziele und so weiter.

Ein ‚Zuviel' an Hilfsbereitschaft nervt allerdings genauso wie ein ‚Zuwenig'. Denken sie an das Bild der Mutter, die ihrem volljährigen Sohn empfiehlt, eine Mütze aufzusetzen, weil es draußen kalt ist. Oder denken sie an den Chef, der aus einer guten Motivation heraus dreimal am Tag bei Ihnen nachfragt, ob er was tun kann, obwohl sie ihm mehrfach signalisiert haben, dass alles nach Plan läuft und Sie sich in der nächsten Woche mit dem nächsten Zwischenstatus bei ihm melden werden. Ein ‚Zuviel' an Hilfsbereitschaft kann Mitarbeitern die Luft zum Atmen nehmen, die Kreativität bremsen, die Motivation reduzieren. Demgegenüber entkoppelt ein ‚Zuwenig' an Hilfsbereitschaft die Mitarbeiter Schritt für Schritt von ihrem Chef, von ihrem Bereich, häufig sogar vom Unternehmen.

Der einfachste Grund mangelnder Hilfsbereitschaft beim Chef basiert auf Unwissenheit: Viele Chefs wissen schlichtweg nicht, ob und wann ihr Mitarbeiter Hilfe benötigt. Daher gilt die einfache Regel: Sollten Sie persönlich mehr Hilfsbereitschaft von Ihrem Chef benötigen und in Anspruch nehmen wollen, dann sagen Sie es ihm ganz offen. Nicht selten ist damit die Sache erledigt. Kaum spricht man offen und wertschätzend über etwas, schon wird es besser. Und den Wunsch nach einem ‚Mehr' an Unterstützung können Sie als Mitarbeiter sogar elegant verpacken: „Ich möchte in diesen Fragen nicht auf Ihre Expertise verzichten". Der Chef fühlt sich wertgeschätzt und Sie bekommen Ihre Unterstützung. Win-win-Situation nennt man das! Und sollte es nicht gleich beim ersten Mal funktionieren mit seiner Unterstützung, so bleiben Sie mit Ihren Forderungen bitte am Ball. Aus eigener Erfahrung weiß ich, dass man häufig als Chef sogar froh ist, wenn Mitarbeiter ein offenes, wertschätzendes Feedback zum Unterstützungsbedarf geben. Daher klären Sie für sich: Ist Ihr Chef hilfsbereit? Wenn nein, haben Sie es schon aktiv und wertschätzend eingefordert? Wenn nein, tun Sie es bitte ab morgen!

– *Ist Ihr Chef veränderungsbereit?*

Veränderungsbereite Chefs sind offen für Neues. Sie werden eher bei Stillstand als bei Veränderungen unruhig. Sie verstehen sich in ihrer Rolle als Führungskraft auch als Veränderungsmanager. Sie sind keine ‚Bewahrer', sondern ‚Gestalter'. Sie erkennen die Chancen, die in der Veränderung liegen. Sie sehen die Vorteile einer kontinuierlichen Weiterentwicklung – für sich, die Mitarbeiter und das Unternehmen. Diese Chefs kennen und akzeptieren vor allem auch die eigenen Unsicherheiten, die bei bevorstehenden Veränderungen immer entstehen. Daher verstehen sie auch Befürchtungen von Mitarbeitern bei der Einführung von Neuem! Was wird die Veränderung im Unternehmen und dem Marktumfeld mit mir und meiner heutigen Rolle im Unternehmen machen? Sie beantworten proaktiv die drängenden Fragen im Team: Wie wird sich das Unternehmen als Ganzes, aber auch meine Abteilung, verändern? Sie haben Visionen und Ziele.

Demgegenüber sind veränderungsunwillige Chefs häufig solche, die keine großen Visionen (mehr) haben. Die keine besonderen Ziele (mehr) erreichen wollen. Natürlich: Ausnahmen bestätigen die Regel, aber wenn beispielsweise die eigene Rente in Sichtweite ist, sinkt erfahrungsgemäß die Bereitschaft für fundamentale Veränderungen im Job. Der Grund ist allzu menschlich: Wozu sollte man sich den Stress einer Reorganisation, von Prozessverbesserungen mit einschneidenden personellen Konsequenzen und vielleicht sogar finanziellen Risiken, mit überproportionalen persönlichen Risiken für den Fortbestand der eigenen Führungsrolle in diesem Alter noch machen?

Aber auch bei den jüngeren Chefs können Sie die Veränderungsunwilligen schon an Kleinigkeiten erkennen, denn sie ändern nicht gerne ihre Routinen: zum Beispiel Regeltermine für Rücksprachen, Lokationen für bestimmte Events und so weiter. Sie lieben ihre Regelprozesse, die sich vermeintlich in der Vergangenheit bewährt haben, die fest etabliert und ihnen vertraut sind. Sie diskutieren daher auch ungern mit dem Team, was man gemeinsam zukünftig anders machen könnte. Sie fragen typischerweise nicht, wie man als Team besser werden kann und was im eigenen Einflussbereich dafür verändert werden sollte? Nun ist es so, dass eine mangelnde Veränderungsbereitschaft von Vorgesetzten bei den Mitarbeitern zunächst gar keinen Stress erzeugen muss. Denn veränderungsunwillige Chefs wollen ja gerade im etablierten und eingeschwungenen Zustand verharren. Und wenn dieser Zustand erstmal niemandem wehtut, arrangieren sich auch viele Mitarbeiter damit. Kommt es allerdings darauf an, dass man gemeinsam unter der Leitung des Chefs an wichtigen Veränderungsthemen des Unternehmens arbeitet, die jedermann als wichtig für den weiteren Erfolg des Unternehmens begreift, man jedoch aufgrund der skizzierten Veränderungslethargie des Chefs nicht vorankommt, so nervt das gewaltig.

Wie sieht es bei Ihrem Chef aus? Ist er veränderungsbereit? Ist er in der Lage, dem Team den Reiz und die Vorteilhaftigkeit von Veränderungen näherzubringen und die heutzutage so erfolgskritische Veränderungsbereitschaft als Führungskraft vorzuleben? Wie viel Veränderungsbereitschaft erwarten Sie von Ihrem Chef und woran könnte es liegen, sollte er Ihre Erwartungen nicht erfüllen?

- *Nimmt sich Ihr Chef selbst wahr?*

Was glauben Sie, würde Ihr Chef sagen, wenn er sich selbst beobachten könnte. Wenn er zum Beispiel verfolgen würde, wie er ein Mitarbeitergespräch führt. Oder wie er ein Teammeeting eröffnet. Dann würde er vielleicht sehen, dass er manchmal die Augenbrauen hochzieht, wenn Fragen gestellt werden, was für Außenstehende mitunter so wirkt, als würde er das Gesagte erstmal pauschal in Frage stellen?

Führungskräfte mit einer guten Selbstwahrnehmung haben die Fähigkeit, die eigenen Handlungen, Eigenschaften, Kompetenzen und Interessen wahrzunehmen, sich quasi selbst zu beobachten. Sich selbst wahrzunehmen in dem, was sie tun. Und auch in dem, was sie nicht tun.

Eine gute Selbstwahrnehmung ist häufig die Voraussetzung, um Selbstbewusstsein aufzubauen. Ist Ihr Chef selbstbewusst? Aber Vorsicht: Selbstbewusstsein bedeutet ausdrücklich nicht, sich überall für den Größten zu halten. Selbstbewusstsein heißt erst recht nicht, keine Fehler zu machen oder diese sogar zu leugnen, wenn sie auftreten. Der sich selbst wahrnehmende Chef hat einen klaren Blick auf sich und weiß, was er kann, aber vor allem weiß er auch, was er nicht kann. Sie erkennen Chefs mit einer guten Selbstwahrnehmung daran, dass sie ganz unverkrampft und offen über ihre Stärken und Schwächen reden. Diese Chefs finden schnell ihre Rolle in einem Team und wertschätzen vor allem Teammitglieder, die ihnen in bestimmten Kompetenzfeldern überlegen sind. Sie sind in der Lage, sich im Kontext anderer Teammitglieder wahrzunehmen. Genau das schafft die Voraussetzung für diese Chefs, schnell einen erkennbaren Mehrwert für Teams zu erbringen.

Doch Ihr Chef ist ganz anders? Selbstverliebt, für konstruktives Feedback zu seinen Eigenschaften, Kompetenzen und Interessen nicht empfänglich? Ohne erkennbare Bereitschaft zur Selbstreflektion? Aber stets mit Forderungen an die Belegschaft, sich selbst kritisch zu hinterfragen? Mit ‚offenen Augen' für die Verbesserungsfelder der Mitarbeiter, aber einer guten Portion ‚Betriebsblindheit' für die eigenen Marotten und Verhaltensweisen? Das nervt Sie? Verständlich!

Es wird Sie nicht trösten, dass die meisten Chefs keine Meister der Selbstwahrnehmung sind. Denn sie haben bereits Erfolg gehabt, haben sich durchgesetzt, haben Karriere gemacht, wurden für gut und förderungswürdig befunden und haben monetär und hierarchisch mehr erreicht als andere. Viele sind genau dahin gekommen, weil sie sich nicht selbst wahrgenommen haben und unreflektiert – aber vordergründig konsequent – ihren

Weg gegangen sind. Nicht selten egoistisch und häufig auf Kosten anderer. Inzwischen haben sich die Zeiten und damit auch die Anforderungen an Chefs geändert: Führungskräfte sind heute viel mehr auf eine gute Kooperation mit ihren Mitarbeitern angewiesen, haben immer mehr fordernde Kooperationsaufgaben im Team. Denn nur so sind sie in der Lage, die immer komplexeren Themen in angemessener Zeit im Team erfolgreich bearbeiten zu lassen. Und auch die Anforderungen, die Mitarbeiter heute an Chefs stellen, sind viel facettenreicher als früher. Gerade die jüngere Generation der Mitarbeiter ist heute von einem viel höheren, autonomen Selbstbewusstsein geprägt als frühere Belegschaften. Kurzum: Ohne Selbstwahrnehmung beim Chef, wie er sich in Teams und Gruppen bewegt, geht es nicht mehr. Man muss als moderner Chef die eigenen Stärken und Schwächen kennen und offen – gegenüber sich selbst – damit umgehen.

Sie können Ihrem Chef helfen, indem Sie ihm anbieten, Feedback zu geben. Vielleicht denken Sie; mein Chef will das nicht! Vielleicht ist das sogar so, aber da müssen Sie durch! Denn für Ihren Chef ist Ihr Feedback der erste unverzichtbare Schritt zu einer besseren Selbstwahrnehmung. Wenn Sie das Feedback wohlwollend und auf der Basis echter Wertschätzung seiner Person geben, wird er bald feststellen, dass es auch ihm weiterhilft. Also trauen Sie sich hier was zu, auch wenn Sie Zweifel haben sollten, in die Offensive zu gehen. Gehen Sie ins Risiko, verlassen Sie Ihre Komfortzone und fordern Sie Ihren Chef auf, sich die eine oder andere persönliche Verhaltensweise mal aus der ‚Vogelperspektive' anzusehen. Was denken Sie: Wie gut ist aktuell die Selbstwahrnehmung Ihres Chefs?

– *Ist Ihr Chef selbstreguliert?*

Selbstregulierte Chefs lassen sich von keiner Situation überwältigen. Sie bewahren die Contenance auch in schwierigen Situationen. Sie verlieren nicht den Kopf, nicht die Orientierung. Zum Beispiel in spontan aufbrausenden, persönlichen Konflikten. Seien sie innerlich auch noch so aufgewühlt.

Selbstregulierte Chefs sind in der Lage, ihre Emotionen, Gefühle und letztendlich ihr ganzes Verhalten in den jeweiligen Führungssituationen so zu steuern, dass es ihr Ziel stets optimal unterstützt und positiv auf die Erreichung ihrer Führungsziele auszahlt. „Das klingt aber sehr technisch, irgendwie berechnend", denken Sie? Dann lassen Sie es mich nochmal anders beschreiben: Ein selbstregulierter Chef brüllt selbst dann die Mitarbeiter nicht an, wenn ihm das Projektteam gerade eine desaströse Projektzielerreichung vorgestellt hat – auch dann nicht, wenn sie völlig überraschend und quasi aus dem Nichts kommt und ihn persönlich maßlos enttäuscht. Selbstregulierte Chefs machen aus ihrer Enttäuschung in diesem

Falle zwar keinen Hehl, sie artikulieren es aber sachlich. Typischerweise wechseln sie dank ihrer professionellen Selbstbeherrschung selbst bei steigendem persönlichen Ergebnisdruck schnell wieder in den Lösungsmodus, anstatt sich laut- und wortstark am Projektteam abzureagieren. So sehr ihnen vielleicht emotional danach wäre, dem Team mal richtig Bescheid zu sagen. Doch anstatt sich lauthals Luft zu verschaffen, fragt der selbstregulierte Chef stattdessen: „Woran hat es gelegen, dass so kurz vor Projektabschluss jetzt diese gravierenden Probleme ‚hochkommen'? Warum fällt uns das erst heute auf und nicht schon früher? Was müssen wir ab heute anders machen, um eine solch große Enttäuschung kein zweites Mal zu erleben?" Selbstregulierte Chefs stellen ihr eigenes Ego, ihre Emotionen und Befindlichkeiten hinter den Unternehmens-, Bereichs- oder Projektzielen an. Sie erlauben es sich nicht, Energie mit dem Ausleben von eigenen Befindlichkeiten zu verschwenden. Sie haben auch nicht das Bedürfnis, die Überbringer von schlechten Nachrichten erstmal für jedermann sichtbar zu ‚köpfen', um der eigenen Reputation vermeintlich keine Schrammen zukommen zu lassen. Um allen zu zeigen, wer der Chef im Ring ist und ihrem Ärger erstmal Luft zu verschaffen. Chefs mit einer schlechten Selbstregulation agieren häufig reaktiv, sehen sich meist als Opfer ihres unprofessionellen Umfelds. Sie leben in einem Gefühl der Anspannung, werden vom Büroalltag gesteuert, anstatt den Alltag selbst zu steuern – und auch die Mitarbeiter.

Chefs mit einer unzureichenden Selbstregulierung zeigen häufig ihre Unzufriedenheit mit ihrem personellen Umfeld. Wie sieht das bei Ihrem Chef aus? Kommt Ihnen das bekannt vor? Unregulierte Chefs wollen oft gar nicht so sein, wie sie sind – sie sind mehr Getriebene als Agierende. Das rechtfertigt unter keinen Umständen ihr Fehlverhalten. Dennoch: Mitarbeiter, die ihnen Halt geben, tun ihnen gut. Ja, Sie lesen richtig. Psychologen und Therapeuten sprechen in diesem Zusammenhang von Co-Regulation.

Ist Ihr Chef selbstreguliert? Und wenn nicht, an welchen Stellen können Sie ihm gegebenenfalls etwas mehr Halt geben?

3.1.6 Erfolgsrezept 6: Verstehen Sie seine *Interessen*!

Weil mein Chef gerne schnell die Probleme löst,
kommt die Problemanalyse oft zu kurz!

Während wir uns bisher mit den Kompetenzen, dem ‚Können', ihres Chefs beschäftigt haben (siehe Kapitel 3.1.2–3.1.5), beleuchten wir nun seine Interessen. Nachfolgend fragen wir uns: Was macht Ihrem Chef Spaß? Was liegt ihm? Was reizt ihn? Was treibt ihn an?

Bei Chefs können Sie grundsätzlich vier Typen unterscheiden:

- ‚Checker' (analytischer Typ),
- ‚Macher' (umsetzungsorientierter Typ),
- ‚Teamplayer' (kooperationsorientierter Typ) und
- ‚Kreativer' (kreativer Typ).

Natürlich trägt jeder Chef Merkmale von allen vier Typen in sich. Aber bei nahezu allen Chefs dominiert ein Typ – deshalb können auch Sie Ihren Chef schwerpunktmäßig einem (Haupt-)Typ zuweisen. Darüber hinaus kann man mindestens einen Typ nahezu ausschließen, weil er kaum in Erscheinung tritt oder die korrespondierenden Merkmale nicht erkennbar sind. Es ist hier ausdrücklich nicht das Ziel, Chefs in irgendeine Schublade zu stecken oder sie pauschal zu typisieren, nur weil es die Welt so schön einfach macht. Aber will man den Chef besser verstehen und seine Verhaltensweisen durchschauen, so muss man neben seinen Fähigkeiten insbesondere auch seine Interessen (er)kennen: Was treibt ihn im Job besonders an, was macht ihm Spaß, wo setzt er Schwerpunkte, womit beschäftigt er sich gerne? Damit wir uns da nicht in anekdotischen Details verlaufen, sondern seine Interessen schnell ermitteln können, schauen wir uns nachfolgend die vier grundsätzlichen Typen von Chefs an. Sie können danach sofort ableiten, was Ihr Chef für ein ‚Typ' ist.

- *Ist Ihr Chef ein ‚Checker' (analytischer Typ)?*

Der Checker ist ein leidenschaftlicher Aufgabenversteher, der es liebt, den Dingen auf den Grund zu gehen. Er will ganz genau wissen, wie Dinge laufen, warum etwas funktioniert oder eben nicht funktioniert. Er will bei Themen stets das System dahinter, die Funktionslogik, die Zusammenhänge, verstehen. Er ist neugierig auf Inhalte, erkennt Muster in Prozessen, hinterfragt etablierte Strukturen, vergleicht Prinzipien mit vorhandenen Ergebnissen und erkennt schnell Widersprüche in Argumentationen. Dieses Verhalten fordert Abstraktionsvermögen, ein hohes Maß an analytischer Intelligenz. Genau das kann aber auch Prozesse verlangsamen, denn der ‚Checker' hinterfragt Dinge gerne ausgiebig, kritisch und vor allem ausdauernd. Er will es genau verstehen – zu viel davon kann die Mitarbeiter nerven. Insbesondere diejenigen, die gerne schnell umsetzen und neue Ideen nicht ständig vom Chef zerlegt bekommen wollen. Viele Mitarbeiter wollen letztendlich Erkenntnisse in praktisches Handeln, in Vortrieb, umsetzen. Dem Analytiker-Chef reicht demgegenüber oft schon die Erkenntnis, ihm genügt nicht selten das reine Wissen zu den Sachverhalten. Er erfreut sich bereits ausgiebig daran, die Zusammenhänge im Detail zu verstehen und erklären zu können. Doch dann klinkt er sich häufig aus. Auch das kann Mitarbeiter nerven, denn so wirken Vorgesetzte schnell als

‚Oberlehrer'. Diese wissen bekanntlich alles besser und teilen dies auch ihrem Umfeld mit, tragen aber nicht nennenswert zur operativen Lösung des Problems bei. Noch zu viele Chefs verwechseln ihre Funktion mit dieser inzwischen mehr als antiquierten Rolle des ‚Besserwissers', die noch nie angemessen war, aber vor vielen Jahren noch toleriert, vielleicht vereinzelt sogar erwartet wurde.

Sollte bei Ihrem Chef das analytische Interesse dominieren, besteht die Gefahr, seine Mitarbeiter mit der betont fakten- und logikbasierten Art zu ‚verlieren'. Denn ein Großteil der Belegschaft wird nicht in der Lage sein, den Ausführungen des ‚Checkers' zu folgen – aufgrund des weniger ausgeprägten analytischen Talents und dem daraus resultierenden geringeren Zusammenhangswissen. Oder einfacher formuliert: Ein dominantes analytisches Interesse des Chefs kann ihn einsam machen! Denn das Arbeiten im Team ist häufig nicht das Ding des ‚Checkers'. Sein analytischer Fokus kann eine emotionale Distanz erzeugen, die das Team auf Dauer nicht toleriert. Ihrerseits sind Analytiker aber oft auch genervt vom vermeintlich unkonkreten, oberflächlichen Palaver ihres Umfelds. Von den Dilettanten, die sie aus ihrer Sicht umgeben, von der Unkenntnis der Kollegen. Schnell gerät man hier in eine Abwärtsspirale, die zu Frustrationen auf beiden Seiten führt. Dann ist es hilfreich, als Mitarbeiter dem Analytiker-Chef die rationalen Vorteile einer Kooperation auf Augenhöhe darzulegen. Zwar erfreut er sich an Fakten, an Logik, und nicht primär am sozialen Miteinander. Erkennt er jedoch die objektiven Vorteile von einem Mehr an Zusammenarbeit, von einem Mehr an guter Stimmung im Team, so ist er mit Argumenten häufig zu überzeugen. Denn der ‚Checker' wirkt nicht selten eher spröde im sozialen Miteinander, ist jedoch stets offen für einen faktenbasierten Informationsaustausch. Mit Fakten überzeugen Sie ihn. Versuchen Sie es demgegenüber aber bitte nicht mit Emotionalität oder ‚anekdotischen Erzählungen', denn das ist für Analytiker oft nicht greifbar und zu unkonkret.

Ist Ihr Chef ein ‚Checker'? Verbringt er gerne seine Zeit damit, Dinge zu verstehen und vernachlässigt dafür häufig auch mal den Start der Umsetzung, weil noch nicht alles analysiert ist? Oder erkennt er nicht, wie wichtig und bereichernd Teamarbeit ist? Wenn ja, zeigen Sie ihm die Vorteile auf, sich mit Praktikern zu umgeben und die jeweiligen Talente zusammenzubringen. Arbeiten Sie in der Argumentation mit Fakten und Sie werden sehen: Der ‚Checker' ist dabei.

– *Ist Ihr Chef ein ‚Macher' (Umsetzer-Typ)?*

Wenn Ihr Chef ein ‚Macher' ist, dann wird sein Verhalten von dem Wunsch dominiert, Ergebnisse zu produzieren, Ziele zu erreichen. Er will umsetzen, realisieren, vorankommen. Dabei schaut er häufig nicht nach rechts und links, er lässt sich ungern aufhalten. Seine Teams werden immer wieder überrascht, was der Chef schon wieder angeleiert und umgesetzt hat. Nicht selten ist er den Mitarbeitern einen Schritt voraus. Denn der Chef macht Tempo, setzt um, packt an. Er nimmt aber leider bei seinem Tempo nicht immer alle mit. In vielen Fällen hat der Umsetzer eine recht gute Selbstorganisation und kann Teams in der Umsetzung effektiv führen, Charaktere zusammenbringen, eine Mannschaft auf gemeinsame Ziele ausrichten. Es fällt ihm leicht, den Sinn der gemeinsamen Arbeit darzustellen und alle zu motivieren, sich im Sinne der Sache anzustrengen. Den ‚Macher' zeichnet aus, sich gut auf Dinge fokussieren zu können. Projektergebnisse werden schnell formuliert und dann noch schneller in Angriff genommen. Genau hier liegt jedoch auch ein zentraler Grund, warum ‚Macher' die Mitarbeiter nerven können. ‚Macher' werden schnell unruhig, ungeduldig und mitunter sogar ungehalten, wenn aus ihrer Sicht zu lange analysiert, recherchiert, das Problem durchdacht wird. Das wird insbesondere dann zum Problem für das Team, wenn mehrheitlich die Überzeugung besteht, noch Zeit für die Problemanalyse zu benötigen. Aber auch in solchen Situationen prescht der ‚Macher' gerne schon los, obwohl man besser noch Zeit ins Verständnis des Problems investieren würde. ‚Macher' wollen anfangen, das Problem zu lösen, wenn die ‚Checker' noch mitten im Problemverständnis unterwegs sind. Die aus einer Ergebnissicht grundsätzlich sehr begrüßenswerte Eigenschaft des ‚Machers', schnell ins Umsetzen zu kommen, ist auch ein zentraler Erfolgsfaktor agiler Projekte. Agile Projekte sollen so schnell wie möglich in die Umsetzung gehen. Aber eben auch nicht zu schnell. Denn wer zu früh umsetzt, hat oft das Problem noch nicht verstanden. Das ausreichende Problemverständnis ist jedoch immer die Voraussetzung für produktives Umsetzen, für produktive Problemlösungen, auch schon für das Erarbeiten erster sinnvoller Ergebnisse. Und genau hier lauert die Gefahr in der Zusammenarbeit mit ‚Machern': Sie fangen häufig zu früh an umzusetzen. Auch wenn die Ungeduld des ‚Machers' für viele Teams erfrischend ist und insbesondere auch Teams guttut, sich nicht in unproduktiven und irrelevanten Detailanalysen zu verlieren.

Der ‚Macher' definiert schnell seine Ziele, die es zu erreichen gilt. Dazu macht er nicht selten vom Projektstart an ‚Druck auf die Mannschaft', was diese mitunter nervt. Denn der ‚Macher' ist eher dynamisch, ungeduldig, zielfokussiert. Ideen und Vorschläge, die die Mitarbeiter einbringen, lehnt er schnell und häufig brüsk ab, sollten sie aus seiner Sicht die effektive Zielerreichung behindern. Viele ‚Macher' neigen dazu, derart fokussiert auf ein Ziel zu sein, dass sie etwaige Anpassungsbedarfe aufgrund von personellen, prozessualen oder organisatorischen Entwicklungen im Team unterbewerten. Auch das kann zu Spannungen führen.

‚Macher'-Chefs ziehen häufig operative Projekte mit einem vermeintlich hohen Umsetzungs- und geringen Analyseanteil an Land. Das passt nicht jedem Teammitglied, denn auch hier gibt es Analytiker, die beispielsweise die sich aus der Aufgabenstellung ergebenden Risiken in der Umsetzung ermitteln wollen. Auch das kann Spannungen erzeugen.

‚Macher' sind überall in Unternehmen zu finden, überproportional häufig trifft man sie in den oberen Führungsetagen an. Denn sie haben typischerweise in der Vergangenheit bewiesen, Dinge voranbringen zu können. Mit dieser Eigenschaft haben sie Karriere gemacht und sind häufig mit schnellen und pragmatischen ‚80/20-Lösungen' zufrieden, die der Analytiker eher ablehnt. Wie sehen Sie Ihren Chef? Ist er ein ‚Macher'?

– *Ist Ihr Chef ein ‚Teamplayer' (kooperationsorientierter Typ)?*

‚Teamplayer' arbeiten gerne mit Menschen zusammen. Sie beziehen ihre Arbeitsfreude aus der täglichen Interaktion mit den Kollegen. Sie sehen in der Regel das Gute im Menschen und sind in der Lage, sich in die Teamkollegen hineinzuversetzen. Es macht ihnen Freude und motiviert sie, ihre empathischen Fähigkeiten im täglichen Umgang mit den Mitarbeitern zu nutzen. ‚Teamplayer' verstehen es, sich auch in schwierigen Situationen in Gruppen zu bewegen. Sie erkennen, wenn es einem Mitarbeiter nicht gut geht. Sie spüren, wenn im Team Spannungen aufkommen. Sie nehmen schneller als andere sich anbahnende Konflikte wahr.

Andererseits fühlen sich diese Chefs überproportional stark belastet, wenn sie sich fachlich tief in ein Thema hineinarbeiten müssen. Denn sie haben lieber mit Menschen als mit Fachthemen zu tun. Sie beziehen ihre Arbeitsfreude daraus, Menschen zu verstehen, sie anzuleiten, zu motivieren, zu einem schlagkräftigen Team zusammenzuschweißen. Das Faktenstudium ist nicht das bevorzugte Betätigungsfeld des ‚Teamplayers'. So arbeitet er fachlich und inhaltlich eher auf Distanz zu seinen Mitarbeitern, obwohl er menschlich und emotional nah bei ihnen ist. Was zunächst wie ein Widerspruch klingt, wird dann klar, wenn man sich die Talente eines typischen ‚Teamplayer'-Chefs anschaut. Diese Chefs erkennen schnell, welche Tätigkeiten dem jeweiligen Mitarbeiter Spaß machen. Da ‚Spaß an der Aufgabe' in hohem Maß mit ‚Beherrschen der Aufgabe' bei Mitarbeitern korreliert, kann man bei den Teams von ‚Teamplayern' häufig überdurchschnittlich gute Leistungen sehen. Das Team des ‚Teamplayers' fühlt sich wohl – menschlich wie auch fachlich. Obwohl der ‚Teamplayer'-Chef so gut wie nie der fachlich Beste in den Themen ist, die er verantwortet. Das verwundert spätestens auf den zweiten Blick nicht mehr, denn ihn interessieren ja bevorzugt die Menschen und ihre Zusammenarbeit – und eben nicht prioritär die Fachthemen. Daher kann er dem Team häufig in innerbetrieblichen, fachlichen Konfliktsituationen nicht helfen. Das nervt das

Team insbesondere dann, wenn der ‚Teamplayer' aufgrund seiner ausgeprägten Empathie in solchen Situationen seine persönliche Fürsorge fürs Team noch erhöht. Selbst wenn das Verhalten des Chefs aus guten Beweggründen erfolgt: Teams erkennen zwar, dass es der ‚Teamplayer' mit der Mannschaft gut meint, jedoch in kritischen, fachlichen Situationen häufig nur zum Moderator taugt. Denn er ist ja kein ‚Aufgabenversteher' und auch kein ‚Macher'. Zugegeben, wir argumentieren gerade sehr holzschnittartig, aber nur so schärfen wir Ihren Blick auf Ihren Chef. Wir zeichnen gerade bewusst stereotype Bilder, denn entlang dieser Beschreibungen sollte es Ihnen leichtfallen, Ihren Chef einzuschätzen.

Ist Ihr Chef empathisch und zeigt im Team seine Talente? Ist er beim Team beliebt, weil er häufig den richtigen Ton trifft und weiß, wie er das Team zu nehmen hat? Motiviert ihn die Zusammenarbeit mit dem Team? Oder sagen Sie: „Der ist ja eigentlich nett, aber bringt uns nicht voran!". Dann spricht einiges dafür, dass ihr Chef ein ‚Teamplayer' mit vermutlich sehr schwach ausgeprägten ‚Checker'- und ‚Macher'-Interessen ist. Überlegen Sie daher: Welchem der drei bisher beschriebenen Typen würden Sie Ihren Chef zuordnen, wenn wie ihn nur einer Gruppe zuweisen dürften. ‚Teamplayer'? Oder ‚Checker'? Oder ‚Macher'?

– *Ist Ihr Chef ein ‚Kreativer' (kreativer Typ)?*

Wenn es Ihnen schwerfällt, Ihren Chef bisher einem der drei beschriebenen Typen zuzuordnen, dann ist Ihr Chef vermutlich ein ‚Kreativer'. Kreativität wird im Tagesgeschäft immer wichtiger! In Zeiten, in denen die Antworten auf immer komplexere Fragen nicht mehr direkt auf der Hand liegen, muss man in vielen Fällen des täglichen Arbeitslebens kreative Lösungen suchen und finden. Genau das treibt den ‚Kreativen' an.

Der kreative Chef liebt es, neue Ideen zu produzieren! Er mag es, bestehendes zu hinterfragen. Er hat Fantasie, ist offen für Neues und stets dafür zu haben, Sachverhalte neu zu denken. Der ‚Kreative' ist eine große Bereicherung für Mitarbeiterteams, wenn es darum geht, in Phasen der gemeinsamen Problemanalyse und Lösungsfindung Ideen zu produzieren. Er kennt keine Vorbehalte, Ideen weiterzudenken, selbst wenn sie auf den ersten Blick abwegig erscheinen. Dafür hat das Neue einen viel zu großen Reiz. Der ‚Kreative' kann gut in Zusammenhängen denken, Assoziationen herstellen, Perspektiven wechseln. Er kann in der Regel gut Widersprüche aushalten, auch widersprüchliche Meinungen im Team. Denn daraus entsteht jene kreative, interdisziplinäre Kraft, die ihn fasziniert und antreibt. Genau hier kann er seine Talente ausspielen, denn er ist aufgrund seiner Persönlichkeit in der Lage, Ideen zu erfassen und auch im fachlichen Diskurs mit anderen weiterzuentwickeln. Das bringt ihm im Team häufig Pluspunkte ein, denn bei kreativen Chefs ist jede Meinung des Teams erwünscht, jeder Kommentar willkommen. Ist es doch vermeintlich der Anfang einer neuen, innovativen Idee.

Dennoch haben die kreativen Chefs ein besonders hohes Potenzial die Mitarbeiter zu nerven. Das liegt daran, dass sie in der Regel bei der Umsetzung von Lösungen ihr kreatives Verhalten nicht ändern. Kreativität ist in der Lösungsfindung sehr wertvoll, jedoch ist das Hinterfragen von Lösungen sowie (Weiter-)Produzieren immer neuer Ideen in der Umsetzungsphase hinderlich. Mehr noch: Es nervt häufig. Insbesondere die ‚Macher'. Denn der kreative Chef kommt nur schwer in die Umsetzung, weil er sich immer wieder selbst mit seiner Kreativität im Weg steht. Konsequentes Umsetzen ist ihm häufig sogar ein Gräuel, denn es macht ihm einfach keinen Spaß und entspricht auch nicht seinem Talent. Daher sehen Sie die kreativen Chefs häufig eher in der Lösungsentwicklung und nicht in der Lösungsrealisierung.

Sollten Sie schon mal Führungskräfte beobachtet haben, die aus vordergründig nicht nachvollziehbaren Gründen einen persönlichen Konflikt ausgetragen haben, so könnten sich hier ein ‚Macher' und ein ‚Kreativer' begegnet sein. Während der ‚Macher' lieber jetzt als später ein Thema anpackt und löst, sucht der ‚Kreative' gerne noch nach weiteren Lösungsoptionen. Und dann kracht es, denn sowas empfindet der ‚Macher' schlichtweg als Zeitverschwendung. Als Zumutung. Mitunter sogar als Arbeitsverweigerung des ‚Kreativen'.

Fragen Sie sich daher, ob Ihr Chef ein ‚Kreativer' ist. Und sollten Sie diese Frage mit ‚ja' beantworten, so versuchen Sie, ihn bei der Umsetzung von Themen möglichst fern vom Projekt oder dem Team zu halten. Sofern Ihnen das möglich ist. Auf jeden Fall sind Sie zukünftig in der Lage, die Verhaltensweise Ihres Chefs besser einordnen zu können. Und das ist die notwendige Voraussetzung für Sie, um ab sofort konstruktiv damit umzugehen.

Sollte Ihr Chef kein ‚Kreativer' sein, so stellen Sie sich hier abschließend die Frage: Welcher Typ Chef ist Ihr Chef dann:

– ‚Checker'?
– ‚Macher'?
– ‚Teamplayer'?

3.1.7 Erfolgsrezept 7: Verstehen Sie seine *Motivation*!

> *Nur weil mein Chef unzufrieden ist,*
> *darf er mir nicht die Arbeitsfreude nehmen!*

Chefs sollten motiviert sein und ihren Mitarbeitern eine hohe Eigenmotivation vorleben. Aber wie steht es um die Motivation Ihres Chefs? Versprüht er Arbeitsfreude? Brennt er für die Themen, die er verantwortet? Haben Sie das Gefühl, dass er in seiner Arbeit einen echten Sinn für sich und das Unternehmen sieht? Wirkt er zufrieden und lebt Ihnen vor, wie wichtig es ist, an den gemeinsamen Themen zu arbeiten? Und ist Ihnen klar, warum Ihr Chef motiviert ist? Oder warum er es nicht ist? Motivation im Job hat viele Facetten. Schauen wir uns daher die Motivation Ihres Chefs mal genauer an.

Sie hängt zum einen davon ab, ob er seine Kompetenzen sinnvoll im Unternehmen einbringen kann. Über seine Kompetenzen sprachen wir bereits in den Kapiteln 3.1.2–3.1.5. Was glauben Sie: Kann er die Kompetenzen, die Sie bei ihm erkannt haben, auch regelmäßig im Unternehmen zeigen? Darf er seine Stärken ausleben? Macht er in seiner täglichen Arbeit das, was er wirklich gut kann? Je wichtiger seine vorhandenen Kompetenzen für das Unternehmen sind, je mehr er selbst den Eindruck hat, mit seinen Fähigkeiten gebraucht zu werden und einen echten Mehrwert zu leisten, umso motivierter wird Ihr Chef im Grundsatz sein.

Chefs übernehmen aber nicht selten aus persönlichen Karriereerwägungen Positionen, die man ihnen zwar zutraut, für die sie aber unzureichend qualifiziert sind. Trifft dann die mangelnde Qualifikation des Chefs auf die hohen Anforderungen des Jobs, so erleben Chefs täglich aufs Neue ihre Unfähigkeit, diesen Anforderungen gerecht zu werden. Auch wenn sie es überspielen – es macht ihnen keinen Spaß, kostet wertvolle Kraft und geht regelmäßig zu Lasten der echten, intrinsischen Motivation.

Wenn darüber hinaus die Jobinhalte jenseits des Kompetenzprofils zusätzlich auch nicht die Interessen Ihres Chefs treffen, sinkt seine Motivation weiter. Bitte fragen Sie sich: Kann und darf Ihr Chef so arbeiten, wie es seinem Typ entspricht? Über die vier Typen von Chefs haben wir im Kapitel 3.1.6 ebenfalls schon gesprochen. Ist beispielsweise Ihr Chef ein typischer ‚Macher', aber es werden von ihm vor allem kreative Lösungsentwicklungen erwartet, die den ‚Kreativen' viel mehr interessieren als ihn, so ist das ein Nährboden für Frustrationen beim Chef. Und Frustrationen wirken sich typischerweise negativ auf seine Motivation aus.

Schauen wir uns nachfolgend an, entlang welcher Fragen sie schnell erkennen können, wie es insgesamt um die Motivation Ihres Chefs bestellt ist. Denn eines ist klar: Nur motivierte Chefs sind auf Dauer gute Chefs.

3.1 Verstehen Sie Ihren Chef

– *Versprüht Ihr Chef Arbeitsfreude?*

Was meinen Sie? Machen die täglichen Aufgaben Ihrem Chef Spaß? Und haben Sie den Eindruck, dass Ihr Chef bei der Ausübung seines Jobs regelmäßig im sogenannten ‚Flow' ist, weil er seine Leidenschaft auslebt und ganz in seinen Aufgaben aufgeht? Weil er Themen bearbeitet, für die er mit Herzblut eintritt? Weil er authentisch vorlebt, wie großartig die Aufgaben sind, an denen Sie alle gemeinsam arbeiten?

Arbeitsfreude meint hier ausdrücklich nicht, Probleme und Herausforderungen des täglichen Lebens zu leugnen oder nicht auch mal niedergeschlagen zu sein. Arbeitsfreude heißt vielmehr, dass das Glas halbvoll anstatt halbleer ist. Es bedeutet, dass man stets den Blick für das Positive behält, dass man dankbar ist, mit den Mitarbeitern zusammenarbeiten zu dürfen, dass man die Zeit, die man mit den Kollegen im Büro verbringt, auch als wertvolle und bereichernde Lebenszeit erkennt, in der man – bei allen Herausforderungen – dennoch auch ein bestimmtes Maß an Freude empfindet.

Das Schöne an der Arbeitsfreude ist, dass sie sich auf das Umfeld überträgt. Arbeitsfreude ist ansteckend. Sie hat oft auch mit einer grundsätzlichen Dankbarkeit zu tun, den Job, den man macht, machen zu dürfen. Denn das ist ja keinesfalls selbstverständlich – auch wenn viele Chefs das vielleicht glauben. Aber bitte verwechseln Sie Chefs, die mit einer positiven Grundeinstellung und der daraus resultierenden Arbeitsfreude führen nicht mit den in Unternehmen vereinzelt anzutreffenden ‚Gute-Laune-Onkels', die verzweifelt versuchen, mit ihrer aufgesetzten Freundlichkeit die Defizite ihrer Mitarbeiterführung zu kompensieren. Diese Chefs nerven, denn sie sind oft vordergründig kollegial, freundlich und hilfsbereit, jedoch in ihrem Verhalten oft unzuverlässig und häufig nur auf sich fixiert. Sie hängen in vielem, was sie tun, ihr Fähnchen in den Wind, da sie ja außer ihrer vordergründig netten und verbindlichen Art wenig zu bieten haben und ihre eigenen Defizite über themenabhängige Allianzen zu kompensieren versuchen. Diese Chefs verlieren schnell den Rückhalt in ihren Teams, schaffen es aber häufig, sich vergleichsweise lange in ihren Jobs zu halten. Sie scheinen Talente zu haben, denen wir an dieser Stelle nicht weiter nachgehen.

Aber wie sieht es bei Ihrem Chef aus? Versprüht er Arbeitsfreude, so spricht einiges dafür, dass er ‚in seinen Themen' unterwegs ist, seine Talente ausleben kann. Dann ist er vermutlich intrinsisch – also aus sich selbst heraus – motiviert. Wirkt Ihr Chef jedoch eher genervt, überfordert, ja unglücklich, so fragen Sie sich bitte, ob er im täglichen Arbeitsalltag Aufgaben verantwortet, die ihn im Innersten seines Herzens nicht interessieren. Sollten Sie sich jetzt spontan fragen: „Ja, aber er ist doch alt genug, warum macht er dann einen Job, den er inhaltlich gar nicht mag?" Nun, es gibt viele Chefs, die dem Lockruf des nächsten Führungsjobs zum Beispiel wegen des Geldes, des vermeintlichen Renommees, oder der Karriere wegen gefolgt sind. Nicht selten folgt dann schnell die Ernüchterung, dass der Job sie inhaltlich eigentlich nicht besonders interessiert. Dennoch verharren sie aus den genannten Gründen auf ihrer Position. Haben Sie vielleicht so einen Chef? Macht ihm der Job mit all seinen Facetten inhaltlich Spaß?

– *Kennt Ihr Chef den Sinn seiner Arbeit?*

Wir haben uns gerade gefragt, ob Ihr Chef Aufgaben hat, die ihn im Grunde nicht interessieren. Ebenfalls haben wir thematisiert, dass das zu Lasten seiner Arbeitsfreude geht und damit seine Motivation beeinträchtigen kann. Unter bestimmten Umständen könnte Ihr Chef in dieser beschriebenen Situation dennoch Motivation verspüren. Woran könnte das liegen? Die Antwort ist: Weil ihn der tiefere Sinn seiner Arbeit antreibt, begeistert, motiviert! Denken Sie beispielsweise an Mutter Theresa, die 1997 verstorbene indische Ordensschwester und Missionarin. Der ‚Engel der Armen, Kranken, Obdachlosen und Sterbenden' dieser Welt. Friedensnobelpreisträgerin 1979. Sie war so beseelt, so motiviert von dem Sinn ihrer aufopferungsvollen Arbeit, dass sie all die schrecklichen Bilder, die bedrückenden persönlichen Schicksale, die sie Tag für Tag immer wieder aufs Neue sah, dennoch ertragen konnte. Der Sinn ihrer Arbeit hat sie so stark motiviert, dass ihre innere Überzeugung sogar zu einer bestimmten Form von Freude geführt haben muss. Denn es ist überliefert, dass sie auch ihre Mitarbeiter mit ihrer motivierten Art angesteckt hat. In einem Job, der jeden Tag aufs Neue grauenvolle Bilder in die Köpfe der Helfenden projiziert hat. Sie erkennen anhand dieses Beispiels eine besonders ausgeprägte Form der intrinsischen Motivation – Mutter Theresa war überzeugt vom Sinn ihrer Arbeit. Trotz aller vordergründig bedrückenden Umstände.

Doch wie schlagen wir jetzt den Bogen von Mutter Theresa zu Ihrem Chef? Nun ja, wir können uns schon fragen: Erkennt Ihr Chef den Sinn seiner Arbeit und strahlt er das auch aus? Erkennt Ihr Chef seinen persönlichen Beitrag für den Erfolg des Unternehmens? Ist er sich im Klaren darüber, dass seine Arbeit wichtig ist? Und vermittelt er Ihnen das auch, denn Sie arbeiten ja gemeinsam mit Ihrem Chef an den relevanten Themen ihrer Abteilung?

Es fällt immer wieder auf, dass Chefs, die sich ihrer eigenen Bedeutung und Rolle im Unternehmen nicht bewusst sind, ihre Teams auf Dauer nicht motivieren können. Wer keine Vision hat, kann ihr auch nicht folgen. Wer keine Perspektive sieht, wohin das eigene Handeln führen soll, wird im Tagesgeschäft viel weniger Begeisterung versprühen können als derjenige, dem das klar ist. Wie heißt es so schön: Wer selbst nicht brennt, kann andere nicht entzünden. Und Mitarbeiter merken schnell, ob der Chef an das glaubt, was er tut. Oder ob er nur handelt, damit er nicht unangenehm auffällt. Welcher Kategorie gehört Ihr Chef an?

Es steht außer Frage: Auch Ihre Motivation geht langsam und schleichend nach unten, wenn Ihr Chef Ihnen nicht die Bedeutung seines und damit auch Ihres gemeinsamen Handelns vermitteln kann. Das nervt auf Dauer! Kennt Ihr Chef den Sinn seiner Arbeit und kann er Ihnen diesen Sinn auch vermitteln?

– *Wird Ihr Chef angemessen bezahlt?*

Vermutlich wissen sie nicht, wieviel Ihr Chef verdient! Woher auch. Das müssen Sie aber auch nicht, um aus der Entlohnung Ihres Chefs Rückschlüsse auf seine Motivation zu ziehen. Denn es kommt weniger auf das absolute Gehalt an. Chefs entscheiden sich jenseits ihrer fachlichen Interessen typischerweise wegen eines höheren Monatsgehaltes, eines größeren Dienstwagens, einer besseren Altersversorgung, eines zusätzlichen Aktienpaketes etc. für eine Führungsaufgabe. Wie bereits erwähnt bedeutet das jedoch nicht notwendigerweise, dass die vermeintlich gut dotierte Führungsaufgabe zu den Interessen und Fähigkeiten der Person passt. Doch der Mammon sowie das in der Regel positive Renommee der höherwertigen Stelle motiviert sie zu diesem Schritt. Der Motivationsanreiz des höheren Gehalts trägt den Chef aber nicht durch die kommenden Aufgaben, denn das Gehalt wird erfahrungsgemäß sehr schnell als selbstverständlich angesehen und entfaltet daher auf Dauer keine positiven motivatorischen Wirkungen fürs Tagesgeschäft. Kommt dann noch dazu, dass Ihr Chef zwar – in absoluten Zahlen – gut entlohnt wird, sich aber im Vergleich zu Kollegen mit vergleichbaren Jobs nicht angemessen bezahlt sieht, so sinkt seine Motivation vermutlich weiter ab. Sollten Sie sich gerade fragen, woher Ihr Chef denn die Gehälter der Kollegen kennen sollte, so ist diese Frage berechtigt. Aber diese Infos erhalten Chefs früher oder später, manchmal per Zufall, manchmal abends beim vertrauensvollen Austausch mit dem Kollegen. Oder auch, weil man das Gehaltsangebot bei einer vergleichbaren internen Neueinstellung mitbekommt. Das demotiviert viele, vielleicht auch Ihren Chef? Chefs reagieren dann in Gehaltsgesprächen mit Mitarbeitern besonders gereizt, weil sie ihre Enttäuschung aufgrund ihrer eigenen Erfahrung in diese Gespräche hineintragen.

Sollte Ihr Chef also erkennbar demotiviert sein, kann es auch daran liegen, dass er zwar objektiv angemessen bezahlt wird, aber aus seiner Sicht im Quervergleich zu seinen Führungskräftekollegen zu schlecht wegkommt. Wenn dann in diesem Kontext ein großer Teil seines Jahreszielgehalts auch noch als Fixum gezahlt wird – also kein finanzieller Anreiz gesetzt wird, Jahresziele im Team zu erreichen – sind der motivatorischen Lethargie des Chefs Tür und Tor geöffnet. Diese Motivationskiller können Sie in der Regel nur indirekt erkennen. Wie? Nun, winkt Ihr Chef häufig ab, wenn die Sprache auf Gehaltserhöhungen im Unternehmen kommt? Ist seine Loyalität zur Geschäftsleitung in den letzten Monaten erkennbar gesunken, was sie an unterschwelligen Kommentaren immer wieder mal merken? Überlegen Sie: Ein Grund könnte in der Unzufriedenheit des Chefs mit der eigenen Bezahlung liegen. Sollte es tatsächlich so sein, können Sie als Mitarbeiter nichts machen. Denn das Thema Entlohnungsgerechtigkeit ist selbstredend nur ein Thema zwischen Ihrem Chef und seinem Chef. Von diesem Thema sollten sie tunlichst die Finger lassen. Aber wenn Sie hier den einen oder anderen Aha-Effekt bei der Beschreibung der den Chef vielleicht demotivierenden Entlohnungsthemen haben, so können Sie die Demotivation Ihres Chefs zumindest besser lokalisieren und verstehen. Denn eines ist klar: Chefs sind auch nur Menschen, die sich mit Kollegen vergleichen und sich daher gegebenenfalls unterbezahlt fühlen. Auch, wenn Ihnen die Erkenntnis dann in diesem Falle nicht hilft, diesen Demotivationstreiber selbst aktiv zu bearbeiten.

Was meinen Sie: Wird Ihr Chef angemessen bezahlt? Und wenn ja: Empfindet er es auch so? Lassen Sie sich doch mal auf ein Gedankenspiel ein.

– *Erhält Ihr Chef die Anerkennung, die er erwartet?*

Auch Chefs wollen gelobt werden! Denn auch sie schätzen es, Anerkennung zu erhalten! Sollte sich Ihr Chef in seinem Job engagieren, persönliche Interessen hintanstellen, um die gemeinsamen Ziele im Unternehmen zu erreichen, so erwartet er früher oder später auch Anerkennung für seinen Einsatz und die resultierenden Ergebnisse. Bleibt diese Anerkennung aus – zum Beispiel von seinem Chef, von Mitgliedern des Aufsichtsrates, von Führungskräftekollegen, oder auch von Ihnen – sinkt im Zeitverlauf seine Motivation. Mitarbeiter sollten daher ihrem Chef ein positives Feedback geben, wenn sie seine Arbeit wertschätzen. Wenn sie zufrieden sind mit seiner Personalführung. Wenn sie sehen, dass der Chef sich reinkniet und bemüht. Erst recht, wenn die Ergebnisse stimmen und die Erwartungen insgesamt erfüllt wurden.

Aber mit der Anerkennung ist es so eine Sache: Sind Menschen zufrieden, werden die Treiber dieser Zufriedenheit schnell als Selbstverständlichkeit empfunden. In der Personalführung ist aber nichts selbstverständlich. Und auch wenn ein schwäbisches Sprichwort lautet: Nicht gemeckert ist genug gelobt; darf man auch als Mitarbeiter ruhig mal Anerkennung zeigen. Natürlich, zuallererst sollte es der Chef in seiner Führungsrolle vorleben, dass er Sie im wahrsten Sinne des Wortes wahrnimmt! Aber auch Sie dürfen aktiv Anerkennung zeigen. Denn auch Chefs schätzen es, wenn man sie wahrnimmt, wenn sie ernst genommen werden, wenn man sieht, was sie tun und wie sie es tun. Wenn Ihr Chef hier auf Dauer weniger Anerkennung erhält, als er erwartet, so wird seine Bereitschaft sinken, sich für das Unternehmen, seinen Bereich und seine Mitarbeiter einzusetzen.

Aber vielleicht haben Sie auch einen Chef, der wenig für sein Team tut, gleichzeitig aber viel Anerkennung vom Team erwartet. Wie eine Diva. Oder einen, der sich permanent selbst stark redet. Der sich selbst mit Lob überhäuft. Dann kennen Sie die Situationen, in denen Sie sich für Ihren Chef fremdschämen. Immer dann, wenn er zum Beispiel mal wieder öffentlich kundtut, wie beliebt er bei seinen Mitarbeitern ist – obwohl ihn sein Team ablehnt. Wenn er behauptet, wie gut seine Fachkompetenz fürs Team ist – obwohl er fachlich nichts draufhat. Wenn er bei jeder Gelegenheit gegenüber seinen Führungskräftekollegen zum Besten gibt, im Team ein Machtwort zu sprechen, damit es wieder vorwärtsgeht – obwohl ihn im Team keiner mehr ernst nimmt.

Oder haben Sie vielleicht einen Chef, der für alle Mitarbeiter da ist, sich kümmert, gerne hilft, sich als echten Bestandteil des Teams sieht, glaubwürdig und zuverlässig ist. Dann sagen Sie es ihm bitte auch mal: „Danke Chef, dass Sie so sind, wie Sie sind. Wir wissen es zu schätzen, wie Sie sich fürs Team einsetzen". Und erzählen Sie es bei passender Gelegenheit bitte auch im Unternehmen weiter: Denn gute Chefs sind Mangelware und brauchen eine positive Lobby.

Anerkennung tut gut. Selbst wenn es Ihr Chef vielleicht nicht gleich zugeben wird, wie gut es ihm tut, auch mal Anerkennung zu erfahren. Er wird an diesem Tag mit einem Lächeln nach Hause gehen. Wann haben Sie Ihrem Chef das letzte Mal die Anerkennung ausgesprochen, die er verdient hat? Positive Anerkennung kann Berge versetzen!

3.1.8 Erfolgsrezept 8: Verstehen Sie seine *Rahmenbedingungen*!

Nur weil mein Chef unter schwierigen Rahmenbedingungen arbeitet, darf er diese nicht ungefiltert an mich weitergeben!

Kann Ihr Chef so arbeiten, wie er will? Oder sind ihm an manchen Stellen auch die Hände gebunden? Wenn sie Ihren Chef verstehen wollen, müssen sie auch die Rahmenbedingungen miteinbeziehen, unter denen er arbeitet. Rahmenbedingungen kann er selten kurzfristig, häufig sogar nicht mal mittel- und langfristig verändern. Oft selbst dann nicht, wenn er dem oberen Führungsteam des Unternehmens angehört. Stellen sie sich zu den Rahmenbedingungen, unter denen Ihr Chef arbeitet, insbesondere die folgenden Fragen:

- Mit welchen Kollegen im Führungskreis hat es Ihr Chef zu tun – ist er ein anerkanntes Mitglied des Führungsteams?
- Ist Ihr Chef zufrieden mit dem organisatorischen Zuschnitt seines Aufgabenbereiches. Hält er ihn für inhaltlich sinnvoll oder ist sein Aufgabenbereich eher ‚historisch gewachsen' und um vorhandene Personen herum ‚gebaut worden'?
- Macht Ihr Chef den Eindruck, mit seiner Entlohnung im Vergleich zu anderen Führungskräftekollegen zufrieden zu sein, oder lässt er erahnen, dass er sich hier im Nachhinein nicht gerecht entlohnt sieht (vergleiche dazu auch die Ausführungen im Kapitel 3.1.7)?
- Wie steht Ihr Chef zur Unternehmenskultur – haben sie den Eindruck, dass es auch ‚seine' Kultur ist und er von ihr überzeugt ist?
- Unter welchen zeitlichen Rahmenbedingungen arbeitet Ihr Chef bzw. muss Ihr Chef arbeiten?

In Unternehmen kann man immer wieder abenteuerliche Doppelverantwortungen bei Führungskräften beobachten, bei denen sie mehrere herausfordernde Aufgabenbereiche gleichzeitig verantworten. Solchen Führungskräften wird dann zusätzlich zu ihrer Regelaufgabe ein zweiter herausfordernder Job – häufig kommissarisch – übertragen. Als Mitarbeiter fragt man sich, wie man bei einer solchen Aufgaben- und Verantwortungshäufung noch vernünftig arbeiten und vor allem andere führen kann.

Anhand dieses Beispiels erkennen Sie: Es kommt bei Ihrer Bewertung des Chefs auch darauf an, die Rahmenbedingungen, unter denen er arbeitet, zu verstehen. Daher schauen wir uns gemeinsam die Rahmenbedingungen näher an!

- *Unter welchen personellen Rahmenbedingungen arbeitet Ihr Chef?*

Arbeitet Ihr Chef in einem leistungsfähigen Führungskräfteteam? Einem Team, welches zusammensteht, zusammenhält? Einem Führungskräfteteam, bei dem man als Außenstehender den Eindruck hat, dass miteinander und nicht gegeneinander gearbeitet wird? Wo man dem Kollegen den Erfolg gönnt und weiß, dass man im Team stärker ist?

Die eigene Leistung hat auch immer etwas mit dem Können und Wollen der Teammitglieder zu tun. So wichtig der menschliche Zusammenhalt ist, so entscheidend ist es darüber hinaus, die gemeinsamen Talente und Kompetenzen bestmöglich zusammenzubringen. Das setzt voraus, dass ausreichend Kompetenzen vorhanden sind: Haben Sie den Eindruck, dass genügend Kompetenzen im Führungsteam ihres Unternehmens vorhanden sind, um alle anstehenden Herausforderungen zu bewältigen? Denn hinsichtlich der personellen Rahmenbedingungen, unter denen Ihr Chef im Führungskräfteteam mit Kollegen arbeitet, gilt: Zwei ‚Blinde' ergeben keinen ‚Sehenden'. Doch Hand aufs Herz: So werden leider häufig Teams zusammengestellt. Einer kann es nicht, dann bekommt er halt noch einen Zweiten zur Seite gestellt. Der kann es zwar erwiesenermaßen auch nicht, aber irgendwie glauben alle, dass die Herausforderung zu zweit schon irgendwie zu stemmen sei. Das ist erfahrungsgemäß dann oft leider doch nicht der Fall. Könnte Ihr Chef in einer solchen Konstellation ‚gefangen' sein? Vielleicht sogar als einziger Fachexperte, der bei bestimmten Aufgaben mit fachlich ‚blinden' Führungskräften im Kollegium zusammenarbeiten muss? Oder muss er vielleicht selbst als ‚Blinder' in einem Thema mitarbeiten, gegebenenfalls mit der Konsequenz, einen Großteil seiner Energie darauf zu verwenden, sich nicht bei den Kollegen zu blamieren? In diesem Fall müsste er seine Aufmerksamkeit und Energie auf das Verstecken seiner Inkompetenz richten, anstatt als zielorientierte Führungskraft gemeinsam mit den Kollegen Dinge zu gestalten und Mitarbeiter für die gemeinsamen Ziele zu begeistern – mit Spaß an der Sache und ohne Sorgen um die Reputation.

Wie ist Ihr Chef vor diesem Hintergrund einzuschätzen? Sollte Ihr Chef in einem Themenbereich der einzig Fachfremde sein, so könnten Sie von ihm kurzfristig nicht verlangen, die fachliche Ausrichtung dieses Themenbereiches voranzutreiben. Natürlich, das wäre seine Aufgabe und ein solches Defizit würde Sie völlig zu Recht nerven, aber es wäre kurzfristig nicht zu ändern.

Zu welch' haarsträubenden Führungssituationen es kommen kann, wenn die personellen Rahmenbedingungen nicht passen, konnte man im Jahr 2022 nahezu jeden Tag in der Tagesschau zur abendlichen Primetime im Fernsehen verfolgen: Die damalige Bundesverteidigungsministerin Christine Lambrecht, eine ehemals anerkannte Bundesarbeits- und Bundesjustizministerin, zeigte als fachfremde Bundesverteidigungsministerin, was passieren kann, wenn man Aufgaben übernimmt, denen man fachlich nicht gewachsen ist. Erschwerend kam in ihrem Fall hinzu, dass sie offensichtlich auch im personellen Umfeld von (Ministeriums-)Mitarbeitern umgeben war, die sie nicht aktiv unterstützten und vielleicht sogar das Scheitern der Chefin insgeheim herbeigesehnt haben. Unter diesen personellen Rahmenbedingungen kann keine sinnvolle und motivierende Mitarbeiterführung stattfinden. Aber damit wir uns hier nicht missverstehen: Die Verantwortung für die personelle Fehlbesetzung von Stellen tragen natürlich nicht die Mitarbeiter, sondern auch im Falle von Frau Lambrecht ihr Vorgesetzter, der ihr das – vorher schon unschwer erkennbare – Himmelfahrtskommando dennoch übertragen hat. Er hätte in diesem Fall die Verantwortung gehabt, seine Mitarbeiterin zu schützen. Dass Frau Lambrecht mit vielen persönlichen und fachlichen Stockfehlern im Amt ihren Teil zum Scheitern beigetragen hat und Führungskräfte ihre Mitarbeiter auch ‚gewinnen müssen', ist dabei unbenommen. Frau Lambrechts Vorgesetzter jedoch hätte antizipieren müssen, dass die personellen Rahmenbedingungen im Verteidigungsministerium und die ‚Person Lambrecht' nicht zusammenpassen werden. Ihr Nachfolger im Amt macht es ja – von außen betrachtet – zum Zeitpunkt der Fertigstellung des Manuskriptes dieses Buches offensichtlich besser.

Ein abschließender Gedanke zu den personellen Rahmenbedingungen: Sollten Sie der einzige Fachexperte in Ihrem Team sein, so kann die Situation eintreten, dass Sie sich fachlich eingeengt fühlen – ohne ausreichende, individuelle Freiheiten bei der Erledigung Ihrer Aufgaben. Denn nicht selten praktizieren Chefs bei einem insgesamt niedrigen Kompetenzlevel des gesamten Teams eine enge fachliche Führung, die den Experten im Team nervt. Experten schätzen Freiheiten, schätzen es, ihre Kompetenzen mit großen Freiheitsgraden einsetzen zu dürfen. Sollten Sie ein solcher Experte sein und unter einer zu engen fachlichen Führung Ihres Chefs leiden, so bieten sie Ihrem Chef doch an, mehr fachliche (Führungs-)Verantwortung für die noch nicht so sattelfesten Kollegen zu übernehmen. Es könnte sogar sein, dass er insgeheim auf ein solches Signal wartet. Dass es diesen Impuls von Ihnen braucht, um mehr Verantwortung in Ihre Hände zu geben. Nur Mut – sprechen Sie ihn an, dass Sie gerne mehr Verantwortung übernehmen würden und den Kollegen gerne helfen.

Fragen Sie sich bitte regelmäßig, unter welchen personellen Rahmenbedingungen Ihr Chef aktuell arbeitet bzw. arbeiten muss und was Sie zur Verbesserung der Situation beitragen könnten.

– *Unter welchen strukturellen Rahmenbedingungen arbeitet Ihr Chef?*

Ihr Chef hat auch einen Chef! Häufig werden Chefs in einer Matrixorganisation sogar von mehreren Vorgesetzten geführt. Dann sitzt zum Beispiel der disziplinarische Chef in Deutschland, der fachliche Vorgesetzte aber vielleicht in Asien? In solchen Strukturen lauert das Risiko, dass die ein oder andere Entscheidung schon mal länger dauern kann. Warum? Weil Matrixorganisationen behäbig in der Entscheidungsfindung sein können. Das muss zwar nicht zwingend so sein und darf erst recht nicht als Ausrede für entscheidungsschwache Vorgesetzte herhalten. Aber komplexe Matrix-Führungsstrukturen, die aus einem personellen Geflecht regionaler, personeller, fachlicher und disziplinarischer Führungsaktivitäten bestehen, tendieren zur Ineffizienz. Manager aus multinationalen Unternehmen springen jetzt vielleicht entrüstet auf und fragen, wie man auf solch eine gewagte Einschätzung dieser in nahezu jedem Unternehmen anzutreffenden Führungskonstellationen kommen kann. Nun, Matrixorganisationen sind heute weit verbreitet, aber ehrlich gesagt arbeiten sie in der Regel nur dann dauerhaft effizient und effektiv, wenn es ‚gelebte' Entscheidungsregeln gibt. Wenn es ein etabliertes Selbstverständnis gibt, wer, mit wem, bis wann, Dinge zu entscheiden hat. Und wer nicht! Alles andere führt auf Dauer zu Frustrationen aufgrund endloser Abstimmungsrunden in unzähligen Abstimmungsmeetings – häufig noch einhergehend mit kraftraubenden politischen Ränkespielen.

Kennen Sie solche Situationen? Haben Sie bei inhaltlichen Abstimmungen von Themen häufig den Eindruck, von einer Abstimmungsschleife in die nächste zu kommen, ohne der Lösung des Themas auch nur nennenswert näherzukommen? Das frustriert dann vielleicht auch Ihren Chef, der es aber nicht offen zeigt. Das nervt dann insbesondere auch Sie, weil wenig vorangeht, weil wenig echte Fortschritte erzielt werden. Sie können recht wenig machen, um das zu beschleunigen. Denn die Ursache sind in der Regel komplexe Unternehmensprozesse – gepaart mit häufig undurchsichtigen Machtstrukturen der Entscheider. Aber dennoch: Wenn Sie die strukturellen Gründe für verzögerte Entscheidungen kennen, können Sie die Situation besser einordnen und Ihren Groll etwas von Ihrem Chef ablenken. Denn ihm sind aus den genannten Gründen vielleicht auch die Hände gebunden. Oder er erkennt die Situation nicht so klar wie Sie es jetzt tun.

Schauen Sie doch mal genau hin, unter welchen strukturellen Rahmenbedingungen Ihr Chef aktuell im Unternehmen arbeitet und wie er sich unter diesen Rahmenbedingungen konkret verhält. Sie werden sehen: Ihr Verständnis für die aktuelle Situation wird sich verbessern. Damit ist die Situation zwar noch nicht verändert, aber die Voraussetzung zur Verbesserung ist geschaffen, da Sie schneller strukturelle Muster erkennen, unter denen die Mitarbeiterführung abläuft und effektiver auf Sie reagieren können.

– *Unter welchen monetären Rahmenbedingungen arbeitet Ihr Chef?*

Die Zufriedenheit Ihres Chefs mit seiner Bezahlung hängt einerseits von seiner absoluten Bezahlung ab, andererseits jedoch auch von seiner Bezahlung im Vergleich zu seinen Kollegen – insbesondere auf gleicher Hierarchieebene. Wir haben dieses in vielen Unternehmen immer noch als Tabu behandelte Thema der monetären Rahmenbedingungen bereits im Kapitel 3.1.7 ‚Motivation' angesprochen und schauen es uns jetzt genauer an. Stellen Sie sich dazu die nachfolgenden Fragen:

– Wird Ihr Chef im Vergleich zu seinen Kollegen auf der gleichen Hierarchieebene objektiv fair und gerecht bezahlt?
– Und wird er hinsichtlich seiner Erwartungen fair bezahlt?

Sie werden vermutlich jetzt denken: „Woher soll ich denn das wissen? Die Gehälter sind doch bekanntermaßen vertraulich, also nicht öffentlich!" Das stimmt. Der Punkt ist hier auch nicht, dass Sie das wissen müssen. Aber vielleicht haben Sie Anhaltspunkte zur diesbezüglichen Situation, in der sich Ihr Chef befindet. Denn diese Fragen sollten Sie sich stellen, wenn Sie ein Gefühl dafür entwickeln wollen, ob Ihr Chef unter monetären Rahmenbedingungen arbeitet, die er akzeptieren kann, dauerhaft akzeptieren wird und die ihn bestenfalls sogar zu Höchstleistungen antreiben.

Stellen Sie sich die folgende Situation vor: Sie merken sechs Monate, nachdem Sie in Ihrem Unternehmen gestartet sind, dass ihr Kollege 30 % mehr Gehalt bezieht als sie, obwohl Sie beide den gleichen Job machen. Obwohl man Ihnen bei Vorlage des Vertragsangebotes versicherte, dass das Unternehmen Ihre Gehaltsvorstellungen leider nicht ganz erfüllen kann und ihnen das bestmögliche finanzielle Angebot unterbreitet wird. Sie haben daraufhin Abstriche bei Ihren Gehaltsforderungen gemacht und sind auf das Gehaltsangebot Ihres Arbeitgebers eingegangen. Schließlich erklärte man Ihnen ja, dass es im Unternehmen sogenannte Gehaltsbänder für alle Positionen gibt, die die Gehaltsgrenzen abstecken. Und hier sei mit dem Angebot an Sie der Gehaltsspielraum bereits ausgeschöpft. Offensichtlich war das aber beim Kollegen nicht so, denn er bekommt ein deutlich höheres Gehalt als Sie – bei erwiesenermaßen gleicher Qualifikation und Erfahrung.

Jetzt frage ich Sie: Was würde diese Erfahrung mit Ihnen machen? Hat man Sie bei Ihrer Gehaltsforderung nicht ernst genommen oder Ihnen hinsichtlich der Gehaltsobergrenze die Unwahrheit gesagt? Sie würden sich vermutlich unfair behandelt fühlen, auch wenn Ihr Gehalt nicht schlecht ist und Sie das Angebot aus freien Stücken angenommen haben. Und genau das könnte auch Ihrem Chef widerfahren sein. In diesem Fall wäre es emotional nachvollziehbar, wenn er sich unwohl fühlen würde, nicht wahr? Wenn er enttäuscht wäre, sich vielleicht sogar getäuscht fühlt. Mit solch einer Erfahrung arbeitet es sich anders, als wenn man diese Erfahrung nicht gemacht hätte. Selbstverständlich können und sollen Sie daran nichts ändern. Es geht hier ausschließlich um ihre Sensibilisierung, dass monetäre Rahmenbedingungen, unter denen Ihr Chef arbeitet, bei ihm zu Verhaltensweisen führen können, die Sie nerven.

Schauen wir uns ein anderes Beispiel an: Aufgrund eines Beschlusses der Geschäftsleitung, Kosten einzusparen und das Betriebsergebnis zu entlasten, werden alle bewilligten Neueinstellungen im Unternehmen bis auf weiteres gestoppt. Daher kann Ihr Chef den dringend benötigten Projektexperten nicht einstellen, obwohl das Projekt bereits läuft und die fehlende Expertise ein hohes Risiko darstellt. In diesem Fall sind Ihrem Chef jedoch die Hände gebunden, den dringend erforderlichen Mitarbeiter für die vakante Stelle zu rekrutieren. Das nervt ihn. Das nervt aber auch Sie, denn Sie müssen die Arbeiten übernehmen, um die Vakanz weiterhin zu überbrücken. Die Situation wird unter zusätzlichen Arbeitsbelastungen auf Ihrem Rücken ausgetragen. Und dennoch will ich hier eine Lanze für diejenigen Chefs brechen, die ihre Mitarbeiter ja gerade durch die Neueinstellung eines Projektexperten dauerhaft entlasten und das Team verstärken möchten, denen jedoch aufgrund des beschriebenen Einstellungsstopps temporär die Hände gebunden sind. Stärken Sie in solchen Fällen Ihrem Chef den Rücken in der Argumentation: Für die schnellstmögliche Besetzung der Stelle, für eine realistische Anpassung von zeitlichen Vorgaben, für eine realistische Einschätzung der erreichbaren Ergebnisse ohne diese Projektbesetzung und so weiter. Auch hier sollten Sie sich regelmäßig fragen: Unter welchen monetären Rahmenbedingungen arbeitet Ihr Chef und welche konkreten Ansatzpunkte fallen Ihnen spontan ein, ihn bei der Bewältigung der erkannten Herausforderungen zu unterstützen?

– *Unter welchen kulturellen Rahmenbedingungen arbeitet Ihr Chef?*

Welche Kultur herrscht in Ihrem Unternehmen unter den Führungskräften? Eher eine Misstrauenskultur, wo man dem anderen nicht über den Weg traut, weil man mit den Kollegen schon schlechte Erfahrungen gemacht hat oder von diesen Erfahrungen zumindest gehört hat? Herrscht vielleicht eine Ellenbogenkultur, bei der man das Gefühl hat, sich permanent durchsetzen zu müssen, weil man im täglichen Wettbewerb – eher im Wettkampf – mit den Kollegen steht und sich permanent behaupten muss? Oder haben Sie in Ihrem Unternehmen vielleicht eine Null-Fehler-Kultur, in der man sofort den Schuldigen sucht, sobald ein Fehler passiert ist? Bei der man aufpassen muss, nicht vorschnell als der Verursacher von Fehlern geächtet zu werden.

Sie erkennen an den Beispielen: Die Unternehmenskultur steckt bereits den groben Rahmen ab, in dem sich die Führungskraft bewegen und agieren kann. Da wundert es nicht, dass sich die Führungskräfte der Unternehmenskultur anpassen, einige sich ihr sogar unterwerfen. Jede Führungskraft kann mittel- und langfristig die Kultur des Unternehmens beeinflussen. Sie sollte es sogar tun! Das bedeutet aber nicht, dass man sich nicht kurzfristig mit der Kultur arrangieren muss. Im Gegenteil! Viele Chefs wollen im Rahmen der Unternehmenskultur bestmöglich funktionieren, um nicht unangenehm aufzufallen, nicht anzuecken. Um nicht derjenige zu sein, auf den mit dem Finger gezeigt oder zumindest hinter vorgehaltener Hand geredet wird. Genau deshalb richten nahezu alle Führungskräfte ihr Handeln an den kulturellen Rahmenbedingungen des Unternehmens aus. Erst recht, wenn sie vom Führungskräfte-Typus keine Gestalter sind, sondern Umsetzer, die machen wollen, die funktionieren wollen. Für die die Kultur genau jene feste Rahmenbedingung ist, die es zu akzeptieren gilt und innerhalb der man sich eben bewähren muss – und will!

Schauen Sie daher genau hin: Wie ist die Kultur in Ihrem Unternehmen und wie bewegt und verhält sich Ihr Chef in dieser Kultur. Hat er die Power, die Kultur aktiv zu gestalten? Wie offen spricht er über die Unternehmenskultur, wie offen sagt er seine Meinung zu den Unternehmenswerten? Denken Sie darüber nach und machen Sie sich hier Ihr eigenes Bild!

Könnte es vielleicht sein, dass Sie von Ihrem Chef genervt sind, weil er versucht, die Unternehmenswerte umzusetzen – aber nicht so, wie Sie sich das vorstellen? Oder, weil er gerade versucht, die Unternehmenskultur neu zu gestalten, zu verändern – aber aus Ihrer Sicht erfolglos? Vielleicht hat er als Einsteiger ins Unternehmen die Unternehmenskultur noch gar nicht verinnerlicht und verstößt daher unabsichtlich gegen ihre Wertvorstellungen? Ich bin sicher, Sie erkennen entlang der dargestellten Fragen den einen oder anderen Trigger im Verhalten Ihres Chefs.

– *Unter welchen zeitlichen Rahmenbedingungen arbeitet Ihr Chef?*

Ist Ihr Chef ein sogenannter Wochenendheimfahrer? Dann bewohnt er ein Appartement am Arbeitsort und pendelt am Wochenende zum Wohnort der Familie? In einem solchen Fall könnte es sein, dass er montags etwas später ins Büro kommt und freitags etwas früher die Heimreise antritt, um seine Reisezeiten zu optimieren. Auch wenn es in Zeiten von Homeoffice, von Videokonferenzen, von virtueller Zusammenarbeit und dergleichen viele Möglichkeiten gibt, den Arbeitsort flexibler als früher zu wählen, so gibt es sie noch zahlreich, die Wochenendheimfahrer unter den Führungskräften. Unterschätzen Sie bitte nicht, unter welchen zeitlichen Rahmenbedingungen dann die Arbeitswoche sowie das – häufig sehr kurze – Wochenende beim Vorgesetzten stehen. Vielleicht nervt es Sie, wenn Sie am Freitagnachmittag keinen Termin mehr bei Ihrem Chef bekommen, wo doch gerade er einen hohen zeitlichen Druck auf die Fertigstellung Ihrer Ergebnisse gemacht hat. Stattdessen sehen Sie, wie er am Freitag um 15 Uhr mit seinem Geschäftswagen vom Hof fährt. Das nervt! Aber vor dem Hintergrund der beispielhaft skizzierten zeitlichen Rahmenbedingungen ist dies vielleicht die einzige Möglichkeit, um am Freitagabend noch eine Stunde mit der Familie zu verbringen, die er ohnehin nur am Wochenende sieht. Aus dieser Perspektive sieht die Sache schon ein bisschen anders aus, oder? Auch wenn es erstmal nervt, dass Sie vielleicht ihre Rücksprache erst am Montag erhalten und nicht wie gewünscht noch vor dem Wochenende. Beim nächsten Mal werden Sie bei der Terminanfrage gleich berücksichtigen, dass der Chef am Freitagnachmittag etwas früher das Büro verlässt.

Ein weiteres Beispiel nervender zeitlicher Rahmenbedingungen sind willkürlich gesetzte, überambitionierte Projekttermine. Werden zum Beispiel Projektendtermine willkürlich nach Datum und weitgehend entkoppelt von Ressourcen und den zu erarbeitenden Inhalten festgelegt, so entsteht aus diesem weit verbreiteten Planungsvorgehen ein unnötiger und unproduktiver Zeitdruck. Und zwar vom Projektstart an. Dann sind Sie als Projektverantwortlicher von Beginn an immer zu spät, weil Fertigstellungstermine keiner echten Planung entsprangen, sondern ‚gesetzt wurden'. Wenn Ihr Chef nun aber das Ziel hat, durch das Einhalten dieser unsinnigen zeitlichen Rahmenbedingungen die vorschnell zugesagten Projekt-Deadlines einzuhalten – aus einem falsch verstandenen Leistungsanspruch –, so ist Ihr Dauerstress vorprogrammiert. Ihr Chef macht ständig Druck, ist immer gereizt. Sie weisen auf die bekannten Planungsdefizite hin, aber er will keine Probleme hören, sondern vermeintliche Lösungen sehen, die es aber aufgrund der unrealistischen Terminierung nicht geben kann. Ihr Chef befindet sich in einem selbsterzeugten Dilemma: Während er sich nicht traut, mit seinen Projektauftraggebern über die realistische Anpassung der Liefertermine zu sprechen, geben Sie wie ein Hamster im Rad immer Vollgas, jedoch ohne den Hauch einer Chance, das Ziel ‚just in time' zu erreichen. Vernünftige Projektergebnisse entstehen so nicht. Und der Sache dient es erst recht nicht. Das nervt Sie. Doch überlegen Sie bitte: Inwiefern können Sie Ihrem Chef schlüssige Argumente liefern, mit denen er seinen Projektauftraggebern die notwendigen Bedingungen für gute Projektergebnisse erklären kann. Bei einer erfolgreichen Zusammenarbeit sind es immer die drei Erfolgsfaktoren, die in einem stimmigen Verhältnis zueinanderstehen müssen:

– verfügbare Kompetenzen,
– verfügbare Zeit und
– verfügbares Budget.

Wenn man eine Zeitplanung entlang der verfügbaren Kompetenzen sowie des verfügbaren Budgets entwickelt, so kann man proaktiv die zeitlichen Rahmenbedingungen der Aufgabenerledigung auf ein ambitioniertes und realistisches Niveau bringen. Versuchen Sie es, es funktioniert besser als Sie vielleicht zunächst erwarten. Auf jeden Fall ist es einen Versuch wert! Ihr Chef wird es Ihnen danken, wenn er die Argumente erkennt, warum die Projektziele unter den aktuellen zeitlichen Rahmenbedingungen nicht erreichbar sind.

3.1.9 Erfolgsrezept 9: Verstehen Sie Seine *Erwartungen*!

*Nur wenn ich die Erwartungen
meines Chefs kenne, kann ich sie erfüllen!*

Die Erwartungen Ihres Chefs spiegeln unter anderem seine Vorstellungen und Wünsche wider, wie die Zusammenarbeit mit Ihnen sein soll. Dabei basieren seine Erwartungen auf den im Laufe seines Berufslebens entstandenen Überzeugungen. Aber welche Erwartungen hat Ihr Chef konkret an Sie und Ihre Kollegen? Hat er das schon mal offen ausgesprochen? Nein? Dann kann es nervig werden, denn Sie kennen nur seine Ihnen mitgeteilten Erwartungen. Häufige Konfliktursachen zwischen Chefs und Mitarbeitern sind aber auch

– unausgesprochene Erwartungen des Chefs. Das sind diejenigen Erwartungen, die der Chef für so selbstverständlich hält, dass er sie nicht ausdrücklich anspricht – wie zum Beispiel die Pünktlichkeit bei Meetings.

Zusätzlich hat Ihr Chef aber auch noch

– uneingestandene Erwartungen. In diesem Fall hat er Erwartungen, die er Ihnen nicht mitteilt, sich deren Erfüllung aber insgeheim wünscht. Beispielsweise erwarten Chefs auch mal Anerkennung von Mitarbeitern – ohne es zu sagen.

In beiden Beispielen kennen Sie die Erwartungen Ihres Chefs an Sie nicht. Und dennoch hat Ihr Chef diese Erwartungen, deren Nichterfüllung ihn enttäuschen. Und zwar jeden Tag aufs Neue. Für Sie bedeutet das: Finden Sie heraus, welche unausgesprochenen und uneingestandenen Erwartungen Ihr Chef hat und klären Sie mit ihm, ob Sie seine Erwartungen erfüllen können und wollen. Machen Sie sich in diesem Zusammenhang auch Ihre eigenen unausgesprochenen und uneingestandenen Erwartungen an Ihren Chef klar und teilen sie ihm diese nach Möglichkeit mit. Sie werden einen Quantensprung im Umgang mit Ihrem Chef feststellen – mit einem deutlichen Mehr an gegenseitigem Verständnis und Vertrauen.

Bedenken Sie:

– nicht geklärte Erwartungen nerven,

– geklärte Erwartungen befreien,

– erfüllte Erwartungen machen zufrieden und geben Sicherheit.

Wechselseitig bekannte Erwartungen reduzieren die Gefahr, dass Sie von Ihrem Chef genervt sind. Aber natürlich, auch wenn die Erwartungen offen ausgesprochen werden, heißt das noch lange nicht, dass Sie deckungsgleich sind. Ein Beispiel: Die Erwartungen an einen ‚guten Mitarbeiter' zwischen einem Chef der Baby-Boomer-Generation (Jahrgang 1965 und älter) und seinem jungen Mitarbeiter der Generation Z (Jahrgang 2000 und jünger) liegen typischerweise – sozialisierungsbedingt – weit auseinander. Fragt man den Baby-Boomer, was er von seinen Mitarbeitern erwartet, so hört man häufig: „Disziplin und Zuverlässigkeit". Fragt man hingegen bei der jungen Generation Z nach, so erwarten diese „Freiheiten in der Aufgabenerledigung und sinnstiftende Aufgaben". Zugegebenermaßen, diese hier gegenübergestellten Erwartungen sind schwarz-weiß gemalt und stark vereinfacht. Dennoch ändert es nichts an den teilweise fundamental unterschiedlichen Erwartungshaltungen der im Unternehmen zusammenarbeitenden Generationen. Und diese Erwartungen gilt es offenzulegen, sie sollten bekannt sein, von allen verstanden und bestenfalls akzeptiert werden. Nur so kann ein gemeinsamer Weg bei der Aufgabenerledigung mit einer wechselseitigen Erfüllung der Erwartungen gefunden werden. Mit Blick auf unser Beispiel heißt das: Es ist spätestens auf den zweiten Blick kein Widerspruch mehr, in ‚sinnstiftenden Tätigkeiten' gleichzeitig auch ‚zuverlässig und diszipliniert' zu sein. Suchen Sie also auch stets nach den Win-win-Situationen beim Abgleich und der Berücksichtigung von Erwartungen. Selbst solche Erwartungen, die vermeintlich unverbunden nebeneinanderstehen, können bei näherer Betrachtung oft miteinander in Einklang gebracht werden.

Schauen Sie bei den Erwartungen bitte besonders aufmerksam hin, denn enttäuschte Erwartungen sind ein Nährboden für persönliche Konflikte, die zudem nicht immer sofort erkennbar sind. Konflikte können sich langsam und für Außenstehende unbemerkt hochschaukeln, um dann irgendwann aufzubrechen. Ist ein solcher Konflikt dann für alle sichtbar, kann seine Ursache häufig nicht mehr eindeutig nachvollzogen werden. Dennoch lassen sich Konflikte oft auf enttäuschte Erwartungen zurückführen. Klären Sie deshalb die Erwartungen Ihres Chefs und entziehen Sie damit schon vielen möglichen Konflikten den Nährboden. Fragen Sie Ihren Chef beispielsweise vor Projektbeginn, welche Erwartungen er bei der Erfüllung des Ihnen übertragenen Auftrages konkret hat. Und fragen Sie während des Projektverlaufes immer mal wieder, ob seine Erwartungen erfüllt werden. Je offener und unverkrampfter Sie als Mitarbeiter mit den Erwartungen Ihres Chefs umgehen, umso effektiver werden Sie mit ihm zusammenarbeiten können. Und umso weniger Gründe wird Ihr Chef haben, von nicht erfüllten Erwartungen enttäuscht zu werden. Finden Sie seine Erwartungen heraus und Sie werden sehen, die Zusammenarbeit wird besser.

Jenseits der eigenen Erwartungen Ihres Chefs an sich selbst ist er typischerweise sehr vielen widersprüchlichen Erwartungen seines beruflichen und privaten Umfelds ausgesetzt. So hat zum Beispiel der Vorgesetzte Ihres Chefs Erwartungen an ihn, wie zum Beispiel die Realisierung von Kosteneinsparungen, die jedoch nicht zu den Erwartungen der Mitarbeiter passen, weil sie gerade eine Aufstockung des Projektbudgets erwarten. Im Labyrinth der vielen Erwartungen an ihn kann sich der Chef eigentlich nur verlaufen. Steuert der Chef die Erwartungen an ihn nicht, nervt er immer einen Teil seines Umfelds, denn er kann es nicht allen recht machen. Die ‚Enttäuschten' erleben ihn dann als unzuverlässig, desinteressiert, eigennützig, egoistisch. Sieben von zehn Chefs kommen mit widersprüchlichen Erwartungen an sie nur schwer klar. Das liegt unter anderem daran, dass Menschen mit ihrer individuellen Ambiguitätstoleranz unter einem Sammelsurium inkompatibler Erwartungen leiden.

Wie gut kann Ihr Chef mit unterschiedlichen Erwartungen umgehen, ohne in Stress zu verfallen, ohne gleich von seinen Erwartungen abzurücken, ohne dem Thema auszuweichen oder es wegzuschieben? Es gilt die Faustregel: Je höher die Führungsposition Ihres Chefs ist, umso häufiger sieht er sich täglich widersprüchlichen Anforderungen und Erwartungen ausgesetzt, denn umso mehr gegenläufige Interessen muss er unter einen Hut bringen. Diese Widersprüche sollte er aushalten können. Dazu muss aber die Erwartungen seines Umfelds managen können. Das ist jedoch eine Fähigkeit, die viele Führungskräfte nicht haben und mit Kompensationshandlungen reagieren: Zorn, Frust, Passivität und so weiter.

Bitte fragen Sie sich: Kennen Sie die Erwartungen Ihres Chefs? Kennt Ihr Chef die Erwartungen an ihn? Sind Ihre Erwartungen und die Ihres Chefs weitgehend deckungsgleich? Wo liegen die Unterschiede? Und zu welchen Reaktionen führt es bei Ihnen und Ihrem Chef, wenn die jeweiligen Erwartungen nicht erfüllt werden? Sie werden sehen: Auch wenn Sie nicht jede Frage abschließend beantworten können, weil Sie in Ihren Chef nicht ‚reinschauen' können, werden Sie nach der Reflektion dieser Fragen ein besseres Gefühl für seine Erwartungen haben!

3.1.10 Erfolgsrezept 10: Verstehen Sie sein *Auftreten*!

Nur weil mein Chef keine andere Meinung zulässt,
hat er noch lange nicht recht!

Sie haben bis jetzt die ersten neun Erfolgsrezepte kennengelernt, die es Ihnen ermöglichen, Ihren Chef aus verschiedenen Perspektiven zu betrachten und ihn differenzierter einzuschätzen. Sie sehen jetzt klarer als vorher, warum er Sie nervt – und was Sie konkret an ihm nervt. Auf der Grundlage dieses Wissens schauen wir uns jetzt gemeinsam an, wie Sie insgesamt sein Auftreten wahrnehmen, denn in Ihrer Wahrnehmung verschmelzen alle bisherigen Erkenntnisse (unbewusst) zu einem Gesamtbild.

3.1 Verstehen Sie Ihren Chef

Wir lassen nochmal kurz revuepassieren: Die Wahrnehmung des Auftretens Ihres Chefs wird insbesondere geprägt durch sein(e)

– Aussehen (Kapitel 3.1.1),

– Kompetenzen (Kapitel 3.1.2–3.1.5),

– Interessen (Kapitel 3.1.6),

– Motivation (Kapitel 3.1.7),

– Rahmenbedingungen (Kapitel 3.1.8) und

– Erwartungen (Kapitel 3.1.9),

die in Ihrem Bewusstsein zu einem Gesamtbild von ihm verschmelzen. Daher fragen wir uns jetzt: Als welcher Chef tritt Ihr Vorgesetzter auf?

– *Ist Ihr Chef der ‚Sonnenkönig-Chef‘?*

Der ‚Sonnenkönig-Chef‘ besticht durch sein gepflegtes Äußeres. Er ist elegant gekleidet, häufig ein sportlicher Typ. Auffallend ist seine ausgeprägte Kontaktfreudigkeit. Es fällt ihm leicht, Gespräche zu starten, auch wenn ihm das Umfeld und die Gesprächspartner fremd sind. Er ist empathisch, häufig emotional intelligent, stets gut gelaunt. Der ‚Sonnenkönig-Chef‘ denkt positiv. Daher sucht er bevorzugt den persönlichen Auftritt in Kombination mit positiven, erfreulichen Themen. Wo er sich aufhält, scheint der Erfolg nicht weit zu sein. Man hat gerne mit ihm zu tun, denn er ist in der Lage, andere zu loben, wahrzunehmen, miteinzubeziehen. Er hat großes Interesse an der sozialen Interaktion – da punktet er mit seiner positiven, optimistischen Art. Allerdings hat er mehr Interesse an der persönlichen Wirkung als an konkreten Arbeitsergebnissen. Er mag vor allem seine ‚Auftritte‘, nicht so sehr die operative, inhaltliche, häufig kräftezehrende Bearbeitung von Themen. Dennoch kann er Einsatzbereitschaft zeigen und auf positive Ergebnisse seiner Aufgaben konzentriert sein. Der ‚Sonnenkönig-Chef‘ wird aber selbst bei hohem Zeitdruck nicht bis spätabends mit dem Team die Ergebnispräsentation für die morgige Projektsitzung finalisieren. Er kann es sich jedoch aufgrund seiner ausgeprägten Empathie und vordergründigen Loyalität zu seinen Teammitgliedern erlauben, hat er doch immer ausreichend viele ‚Umsetzer‘, die für ihn die Fleißarbeit erledigen. Er hingegen ist typischerweise nicht der Umsetzer, sondern eher der Analytiker oder Kreative, was ihm in Gesprächen mit Entscheidern des Unternehmens nicht selten das Image des Vordenkers und klugen Kopfes einbringt. Trotz einer gewissen Gefolgschaft ist der ‚Sonnenkönig-Chef‘ in Teilen des Teams unbeliebt, weil er bei Ergebnispräsentationen, spätestens aber im Erfolgsfall, plötzlich ins Scheinwerferlicht drängt, ohne sich an der Erarbeitung der Ergebnisse nennenswert zu beteiligen. Während die anderen schuften, pflegt er lieber sein Netzwerk.

Das kennen Sie? Das nervt Sie? Haben Sie hier vielleicht ihren Chef erkannt? In jedem Unternehmen gibt es sie – die ‚Sonnenkönig-Chefs'!

- *Ist Ihr Chef der ‚Kumpeltyp-Chef'?*

Der ‚Kumpeltyp-Chef' ist häufig so gekleidet wie sein Team. Er fällt – anders als der ‚Sonnenkönig-Chef' – nicht durch die Wahl seiner Kleidung auf. Zudem spricht er häufig die Sprache seines Teams, hat erkennbar die gleiche Wellenlänge. Denn er will zum Team gehören und zeigt das auch. Der echte ‚Kumpeltyp-Chef' ist typischerweise nicht sehr ergebnisorientiert. Vielmehr ist er ein empathischer Mensch, der Spaß am Umgang mit seinem Team hat. Als Kumpel ist er hilfsbereit und loyal. Er spricht mit allen Teammitgliedern auf Augenhöhe und ist in alle Richtungen kontaktfähig. Der ‚Kumpeltyp-Chef' kann aber auch nerven, wenn er gleichzeitig und überall der ‚gute Kumpel' sein will. Wenn er es jedem rechtmachen und nirgendwo anecken will. Dann muss er sich verbiegen und wird im Team schnell unglaubwürdig. Denn als Führungskraft kann man nie jedermanns Liebling sein – dazu sind die Erwartungen und persönlichen Interessen der Teammitglieder zu heterogen. Auch der ‚Kumpeltyp-Chef' müsste mal Kante zeigen, ein eigenes Profil erkennen lassen. Für etwas stehen. Dinge ausschließen – aus Überzeugung! Viele ‚Kumpeltyp-Chefs' wollen jedoch mit den Mitarbeitern ein ungetrübtes Verhältnis haben. Wollen beliebt sein. Das ist zwar im Grundsatz eine lobenswerte Einstellung – sie ist aber aufgrund der heterogenen Sichtweisen in der Belegschaft nicht durchzuhalten, ohne die eigene Linie zu verlieren. Der ‚Kumpeltyp-Chef' nervt auf Dauer sein Team, sollte er das nicht verstehen. Lässt er keinen roten Faden in seiner Mitarbeiterführung erkennen und zeigt auch keinen nachvollziehbaren Führungsstil, so beschädigt er schnell seine Glaubwürdigkeit. Und das geht direkt zu Lasten seiner Beliebtheit, die er ja gerade als ‚Kumpeltyp-Chef' abzusichern versucht.

Wie ist das bei Ihrem Chef? Will er ein Kumpel sein? Und wenn ja, was nervt Sie konkret an seinem Verhalten? Ist es vielleicht genau der beschriebene Effekt, dass er es jedem recht machen will und es so auf Dauer niemandem recht machen kann? Ihr Chef wäre nicht der Erste, der in diese ‚Führungsfalle' tappt und nur schwer wieder herausfindet!

- *Ist Ihr Chef der ‚kleinkarierte Chef'?*

Der ‚kleinkarierte Chef' fällt häufig durch seine sehr korrekte, formal nicht zu beanstandende Kleidung auf. Bereits das Tragen von sportlichen Sneakers im Büro – heute in nahezu allen Unternehmen toleriert – ist für ihn definitiv zu wild. Er bevorzugt den konservativen Lederschuh, sein Hemd hat er gerne bis oben zugeknöpft. Seine Körperhaltung wirkt eher steif. „Stock im Rücken anstatt lässig tänzelnd", witzeln die Kollegen. Er hat eine ruhige, unauffällige Stimme. Korrekt halt. Nicht selten verfügt er über eine ausgeprägte Fachkompetenz. Die Dinge formal korrekt und bis ins kleinste Detail erledigen zu wollen, ist zwar im Grundsatz eine gute Einstellung, erschwert ihm jedoch regelmäßig das Finden der in der Praxis so wichtigen ‚80/20-Lösungen' im operativen Tagesgeschäft. Stattdessen verläuft er sich in fachlichen Nebensächlichkeiten. Die von ihm in die Diskussionen eingebrachten Punkte sind zwar formal richtig, verzögern jedoch die Umsetzung und sind vor allem für das operative Weiterkommen im Thema meistens irrelevant. So thematisiert der ‚kleinkarierte Chef' sehr ausführlich selbst marginale Budgetüberziehungen, auch wenn diese gut erklärt, nachvollziehbar und im Gesamtkontext in jeder Hinsicht vernachlässigbar sind, weil man in anderen Budgetpositionen Gelder eingespart hat und daher insgesamt im Projekt keinerlei Budgetüberziehungen erzeugt. Aber selbst dann, wenn eine Überziehung zukünftig nicht mehr zu erwarten ist, geht es dem kleinkarierten-Chef ums Prinzip, er will es ausdiskutieren, auch wenn bereits alles gesagt ist. Für ihn bleibt die Überziehung in einer geplanten Budgetposition eine unkorrekte Überziehung. Da kennt der ‚kleinkarierte Chef' kein Pardon, selbst wenn sich in der Bewertung der Situation längst alle einig sind. Er nervt, weil er in solchen Situationen keinen Beitrag zur besseren Lösung eines Themas liefert, sondern in den Augen aller mit seinen Beiträgen lediglich den Prozess verlangsamt. Daher ist der ‚kleinkarierte Chef' zwar gewissenhaft – und das sollten Chefs auch sein – erkennt aber nicht den Punkt, an dem Gewissenhaftigkeit keinen weiteren Erkenntnisgewinn mehr liefert und konträr zur Ergebnisverbesserung oder Risikominderung läuft. Ganz abgesehen von der Tatsache, dass Mitarbeitern die Arbeit für einen Pedanten auf Dauer keinen Spaß macht. Denn die Zusammenarbeit schlägt vor allem auf die Motivation: Mitarbeiter von ‚kleinkarierten Chefs' beklagen häufig an Aufgaben zu arbeiten, die für den weiteren Fortschritt im Thema aus ihrer Sicht wertlos sind. Ein totes Pferd zu reiten, drückt auf die Motivation. Ist Ihr Chef ein ‚kleinkarierter Chef'? Woran genau machen Sie das fest?

– *Ist Ihr Chef der ‚Schaumschläger-Chef'?*

Der ‚Schaumschläger-Chef' folgt dem Prinzip ‚Mehr Schein als Sein'! Mit seiner Fach- oder Branchenkompetenz kann er nicht begeistern, denn der ‚Schaumschläger-Chef' ist kein Experte. Aber er tut so, als ob er einer wäre. Denn er strebt nach Anerkennung. Auch wirbelt er gerne Staub auf, indem er einen ausgeprägten Umsetzungswillen vorgibt: „Wir können uns keinen Stillstand im Projekt leisten" – große Worte spricht er überzeugend und vor allem gelassen aus, lässt seiner Macher-Attitüde aber keine Taten folgen. Häufig merken die Mitarbeiter schnell, dass er keinen Plan hat, wie er seine verbalen Luftschlösser umsetzen kann. Aber er hört sich selbst gerne reden – und reden kann er.

Der ‚Schaumschläger-Chef' hat zudem häufig ein ausgeprägtes Gespür für Risiken, denn diese will und kann er nicht managen. Doch dazu muss er sie erkennen. Sobald er sie erkannt hat, umschifft er sie lieber, beschreibt sie mit blumigen Worten, schiebt anderen den schwarzen Peter zu und setzt alles daran, selbst gut aus solchen Situationen herauszukommen. Oder erst gar nicht hineinzukommen.

Aufgrund seiner häufig sympathischen, teils auch empathischen Art, verbunden mit seiner Kommunikationsstärke, ist er oft in der Lage, schnell mit Menschen in Kontakt zu treten und diese auch zügig für sich einzunehmen. Denn der ‚Schaumschläger-Chef' ist insbesondere auch ein Meister der Ankündigung – man müsste das machen, man sollte jenes tun. Er hat zu vielen Themen eine eigene Meinung, packt aber objektiv wenig an. Um das zu übertünchen, hilft ihm seine Sprachgewandtheit.

Zudem ist der ‚Schaumschläger-Chef' veränderungsbereit, der Wandel macht ihm weniger Angst als anderen. Denn wer häufiger das Thema, seine Bezugsgruppe, die Aufgaben, die Kollegen, die Firma wechselt, reduziert das Risiko, als Schaumschläger aufzufallen.

Und natürlich gibt es sie, die ‚Schaumschläger-Chefs', die es schaffen, sich mit Fachexperten und Spezialisten zu umgeben, die sie inhaltlich stützen und schützen. Das ist jedoch nicht die Regel, weil qualifizierte Mitarbeiter auf Dauer nicht mit ‚Schaumschläger-Chefs' zusammenarbeiten wollen. Denn diese nerven deshalb ihr unmittelbares Umfeld, weil sie es immer wieder schaffen, ohne großen eigenen Arbeitseinsatz und adäquates Know-how den Scheinwerfer auf sich, anstatt auf das Team zu richten. Sie nerven, da sie nichts zum Erfolg des Bereiches beitragen, aber permanent die Aufmerksamkeit des Teams verlangen, ohne etwas zurückzugeben. Wie ist das bei Ihnen? Ist ihr Chef ein ‚Schaumschläger-Chef'? Und woran machen Sie das fest?

— *Ist Ihr Chef der ‚Chef-Chef'?*

Der ‚Chef-Chef' liebt seine Chef-Rolle. Er zelebriert sie. Dabei wirkt er mit Blick auf die heutigen Anforderungen agilen Arbeitens wie ein Dinosaurier, ein aus der Zeit gefallenes Abbild eines heutzutage weitgehend überholten Führungsbildes. Dennoch gibt es sie noch, die ‚Chef-Chefs'. Sie zeigen bereits durch ihre Kleidung, dass sie der Chef sind. Nicht selten tragen sie einen Anzug und ein weißes Hemd mit passender Krawatte, während sich um sie herum der Business-Dresscode bereits durchgesetzt hat. Der ‚Chef-Chef' ist Führungskraft geworden, weil er fachlich der Beste war. Er war ein Experte, auf den es ankam. Ein Experte, zu dem große Teile des Teams fachlich aufgeschaut haben.

Der typische ‚Chef-Chef' ist nicht sonderlich kontaktfreudig. Seine Bürotür steht für die Mitarbeiter nicht offen. Er hat Sprechzeiten nach Voranmeldung. Auch als direkt an ihn berichtender Mitarbeiter hole man sich doch bitte einen Termin bei der Sekretärin, wenn man mit ihm sprechen will. Ihm bedeutet Status etwas. Zudem ist er nicht offen für Kritik, auch nicht für Verbesserungsvorschläge. Beim ‚Chef-Chef' hat der Vorgesetzte schon aus seiner Rolle heraus nahezu immer recht.

‚Chef-Chefs' halten sich selbst häufig für Teamplayer, entscheiden aber selbst. Sie sind daher entscheidungsfreudig, denn darüber definieren sie sich. Sie wollen gefragt sein, sie wollen eingebunden werden, sie wollen bei allen Themen auf dem aktuellen Stand gehalten werden.

Der ‚Chef-Chef' kann hilfsbereit, er kann kontaktfreudig, ja er kann auch ergebnisorientiert sein. Aber nur, wenn er es will. Wenn er es entscheidet. Häufig ist er ein Analytiker, der an sich selbst einen hohen Anspruch hat, die Dinge zu verstehen. Denn er bezieht seine Daseinsberechtigung im Wesentlichen aus seiner fachlichen Überlegenheit. Diese hat er sich im Laufe seiner beruflichen Laufbahn erworben, weil er den Inhalten immer schon gerne auf den Grund gegangen ist. Seine mangelnde, echte Kooperationsfähigkeit nervt das Team jedoch häufig. Ebenso seine eingeschränkte Bereitschaft, Aufgaben konsequent zu delegieren. Das erschwert zuweilen das Treffen schneller Entscheidungen, die Sie in ihrer täglichen Arbeit aber zunehmend benötigen. Und das nervt Sie, insbesondere wenn sie mit fachlichen Entscheidungen des ‚Chef-Chefs' leben müssen, die sie inhaltlich nicht mittragen können oder wollen.

Überlegen Sie: Sind Sie von Ihrem Chef genervt, weil er ein ‚Chef-Chef' ist? Und wenn das so ist: Welche Verhaltensweise stört Sie an Ihrem ‚Chef-Chef' am meisten?

– *Ist Ihr Chef der ‚Tyrann-Chef'?*

Der ‚Tyrann-Chef' ist ein durchweg unangenehmer Zeitgenosse. Man hat nicht gerne mit ihm zu tun. Man ist froh, wenn man ihn nicht sieht. Und auch nicht hört, denn er wird häufiger laut.

Dem ‚Tyrann-Chef' sind Sie als Mensch weitgehend egal. Und das spüren Sie täglich. Er sieht Sie als Werkzeug, das er einsetzt, um seine Ziele zu erreichen. Er verfügt nicht in Ansätzen über die Bereitschaft, sich seine Wirkung auf Sie bewusst zu machen. Und wehe, Sie wagen es, ihn zu kritisieren. Aufgrund seiner mangelnden persönlichen Kritikfähigkeit wird es dann schnell laut. Denn der ‚Tyrann-Chef' startet sofort, seinen vermeintlichen Widersacher zu bekämpfen. Dabei sind ihm viele Mittel recht, Hauptsache sein Gegenüber stoppt das – aus seiner Sicht – unverschämte Verhalten.

Der ‚Tyrann-Chef' ist zudem auch nur eingeschränkt kontaktfähig. Er hat, wie bereits erwähnt, an seinem Gegenüber als Mensch kein Interesse, welches über die Nützlichkeit für die eigene Zielerreichung hinausgeht. Wenn es seinen Zielen dient, kann man zwar durchaus mit ihm sprechen. Aber wehe, man verlässt das Spielfeld, auf dem der ‚Tyrann-Chef' spielen will. Dann fällt die Stimmung sofort, man wird schnell von ihm beschimpft – meistens offen, nicht selten auch hinter dem eigenen Rücken bei den Kollegen!

Die Fachkompetenz des ‚Tyrann-Chefs' ist nicht sehr ausgeprägt, denn er agiert ja über Angst bei der Belegschaft und führt nicht über den fachlichen Diskurs auf Augenhöhe. Punktuell kann der ‚Tyrann-Chef' sogar teamfähig wirken, jedoch nur dann, wenn Sie als Teammitglied in seinem Sinne funktionieren. Er feiert aber keinesfalls gemeinsam mit Ihnen Erfolge. Und funktionieren Sie nicht in seinem Sinne, arbeitet er mit Unterdrückung, Verängstigung, Unterstellungen. Er droht Bestrafungen an, wenn Dinge nicht passieren. Er schreckt nicht davor zurück, Exempel zu statuieren, indem er sich beispielsweise vor den Augen aller Teammitglieder von Kollegen trennt. Um jedermann zu zeigen, dass seinen Drohungen auch Taten folgen. Jeder soll wissen, dass er der nächste sein könnte. Sein Verhalten nervt nicht nur, es verunsichert, ja verängstigt sogar. Kurzfristig spornt es manchmal auch an, nach kurzer Zeit ist man aber nur noch bemüht, nicht unangenehm aufzufallen und irgendwie in den Augen des Chefs zu funktionieren.

Der ‚Tyrann-Chef' ist immun gegen Vorschläge, die eine Veränderung seines Verhaltens bewirken könnten. Daher hat man als Mitarbeiter nur die Wahl, mit den Füßen abzustimmen. Zu gehen. Den Bereich zu wechseln. Den Chef zu verlassen. Ggf. sogar das Unternehmen zu wechseln. Nur wenn Sie mental gefestigt und in jeder Hinsicht unabhängig sind, können Sie auch gegen das Verhalten des ‚Tyrann-Chefs' vorgehen. Sollten Beleidigungen, ungerechte Beurteilungen, falsche Unterstellungen und Behauptungen im Spiel sein, so können Sie arbeitsrechtliche Schritte gegen ein solches Verhalten prüfen lassen. Berücksichtigen Sie aber, dass der ‚Tyrann-Chef' aufgrund seines Wesens geübt ist, konfrontativ mit Mitarbeitern umzugehen. Daher sollten Sie zu diesem Mittel nur greifen, wenn Sie sich zutrauen, das auch emotional durchzustehen. Sollten Sie diesen Weg gehen, ist einerseits – spätestens dann – die Basis für eine konstruktive gemeinsame Arbeit zerstört. Andererseits sind Ihre Erfolgsaussichten aber gar nicht schlecht. Denn Chefs dürfen sich nicht benehmen, wie sie wollen. Und Mitarbeiter müssen und sollen sich auch nicht alles gefallen lassen. Da man jedoch mit ‚Tyrann-Chefs' in konfliktären Situationen nicht konstruktiv diskutieren kann, besteht häufig nur die Möglichkeit, sich entweder mit der Situation zu arrangieren oder gegen ihn vorzugehen.

Ist Ihr Chef ein solcher ‚Tyrann-Chef'? Dann stellen Sie sich bitte die Frage, warum Sie für ihn arbeiten. Und sollten Sie hier auf keine vernünftige Antwort kommen, so beenden Sie am besten die Zusammenarbeit. Niemand ist als Mitarbeiter verpflichtet, sich von solchen Chefs die Lebensqualität zerstören zu lassen. Auch dann nicht, wenn man vermeintlich ins Risiko der Jobsuche gehen muss. Sollten Sie hier Ihren Chef wiedererkannt haben und unter der Situation leiden, so fassen Sie sich ein Herz und ändern Sie mutig ihre Situation. Oder holen Sie sich zumindest professionelle Hilfe. Das sollten Sie sich selbst wert sein!

3.2. Fordern Sie Ihren Chef

3.2.1 Erfolgsrezept 11: Fordern Sie *Kommunikation*!

> *Hey Chef – sprechen Sie mit mir auf Augenhöhe und ich werde Sie besser verstehen!*

Ihr Chef kommuniziert nicht gut? Er spricht zu selten mit Ihnen? Und wenn er mit Ihnen spricht, dann haben Sie den Eindruck, es sind die falschen Themen? Es sind nicht die Themen, die Sie aktuell interessieren? Es sind nicht die Inhalte, die Sie für Ihren Job benötigen?

Ihr Chef und Sie sprechen zwar die gleiche Sprache, aber verstehen sich irgendwie nicht richtig. Er erkennt nicht, was Sie meinen, wenn Sie etwas sagen. Und wenn er etwas sagt, hören Sie seine Worte, fragen sich aber, was er Ihnen wohl damit sagen wollte. Bei E-Mails, die Ihren Themenbereich betreffen und deren Inhalt Sie kennen sollten, setzt Sie Ihr Chef häufig nicht in ‚Cc'. Gleichzeitig erwartet aber Ihr Chef von Ihnen immer und überall auf dem Laufenden gehalten zu werden. Das nervt Sie!

Wenn Sie das Kommunikationsverhalten Ihres Chefs hier wiedererkannt haben, dann ist das Feedback geben und Feedback nehmen alles andere als eine Stärke von ihm. Dann lässt er vermutlich wenig Interesse erkennen zu verstehen, wie Sie die Sache sehen, wie Sie ihn in seiner Rolle als Chef wahrnehmen, wie zufrieden Sie mit seinem Kommunikationsverhalten sind. Er will, dass alles läuft, ohne sich jedoch erkennbar darum zu kümmern, welchen positiven Beitrag er dazu durch sein aktives und reflektiertes Kommunikationsverhalten leisten kann. Wir könnten die Liste kommunikativer Defizite von Chefs hier weiterführen, wollen uns aber anschauen, was Sie tun können, um Ihren Chef kommunikativ zu fordern. Denn Sie haben einige Möglichkeiten, hier aktiv zu werden.

Sind Sie beispielsweise aufgrund der wieder mal ungenauen und oberflächlichen Kommunikation eines Auftrages an Sie durch Ihren Chef nicht ganz sicher, was Ihr Chef konkret gemeint hat und was genau er vor allem von Ihnen erwartet, so können Sie mit einer einfachen Fragetechnik für Klarheit sorgen. Stellen Sie ihm eine ‚geschlossene Frage‘, wie zum Beispiel: „Habe ich Sie richtig verstanden, dass Sie von mir den Entwurf für das Schreiben an unseren Lieferanten bis morgen auf dem Tisch haben wollen – vorher bereits abgestimmt mit unserem Disponenten?" Auf diese Frage kann man sinnvoll nur mit ‚ja‘ oder ‚nein‘ antworten. Aufgrund Ihrer geschlossenen Frage muss Ihr Chef klar und eindeutig Farbe bekennen. Vielleicht wird er antworten: „Nein! Es reicht vollkommen aus, wenn Sie mir das Anfang der nächsten Woche vorlegen!" Wie gut war es dann, dass Sie mit einer geschlossenen Frage nachgehakt haben, denn sonst wäre der heutige Abend mit ihrer Sportgruppe ausgefallen, weil Sie mit Hochdruck im Homeoffice den vermeintlich dringenden Auftrag bearbeitet hätten.

Wenn Sie mit dem Kommunikationsverhalten Ihres Chefs dauerhaft nicht einverstanden sind, so können Sie nach der Regel handeln: „Wer Kommunikation erwartet, sollte Kommunikation säen"! Doch was ist damit genau gemeint? Nun, wenn Ihr Chef aus Ihrer Sicht beispielsweise zu wenig Informationen mit Ihnen teilt, dann fragen Sie bitte aktiv nach. Fordern Sie mehr Kommunikation in dieser Sache, säen Sie mehr Kommunikation, indem Sie mit Ihrem Chef sprechen. Ja, so einfach ist das! Es gibt zwar Chefs, die den Wunsch nach mehr kommunikativen Austausch als irrelevant ansehen und Ihnen vielleicht entgegnen: „Das müssen Sie zur Erledigung der Aufgaben doch gar nicht wissen!" Doch falls Ihr Chef Ihnen mit solch einer Floskel begegnet, zeigen Sie ihm bitte auf, dass es auch für ihn vorteilhaft ist, Informationen mit Ihnen zu teilen. Erklären Sie ihm, warum es für Sie wichtig ist, Informationen zu erhalten, die über den Tellerrand hinausgehen. Gerade wenn Sie entlang der entstehenden Vorteile für den Chef argumentieren, wird er schnell verstehen, dass das eine gute Idee von Ihnen ist, mehr Informationen zu erhalten. Und welche Informationen Sie benötigen können zuallererst nur sie einschätzen – bitte lassen Sie sich da nicht zu schnell vom Chef abwimmeln.

Machen sie Ihrem Chef die Kommunikation so einfach wie möglich und nehmen Sie ihn aber auch in die Pflicht, alle relevanten Informationen bereitzustellen. Dies kann zum Beispiel über ein gemeinsames Laufwerk passieren, auf dem alle wichtigen Informationen abgelegt werden und auf das Sie und ihre Kollegen zugreifen können.

Darüber hinaus könnten Sie vorschlagen, dass Ihr Chef und das gesamte Team zweimal pro Woche morgens zu einem kurzen Informationsaustausch zusammenkommen, bei dem nicht diskutiert wird, sondern Informationen geteilt werden. Wer ein weitergehendes Interesse an den kommunizierten Inhalten hat, wendet sich dann im Anschluss direkt an den Chef. So würden sich alle Beteiligten wechselseitig in die Pflicht nehmen, sich auf einen guten informatorischen Stand zu bringen und zu halten.

Versuchen Sie es, es funktioniert besser, als Sie denken! Und bitte vergessen Sie nicht: Geben Sie Ihrem Chef gerne auch mal ein positives Feedback, wenn er Ihnen wichtige Informationen unaufgefordert bereitgestellt hat oder Sie sich über etwas anderes gefreut haben. Auch Chefs freuen sich über positives Feedback. Und wenn Sie einmal erlebt haben, wie gut es tut – insbesondere, wenn es unerwartet kommt und authentisch ist –, verändern auch Chefs ihr Kommunikationsverhalten.

Überlegen Sie: Was können Sie ab morgen tun, um das Kommunikationsverhalten Ihres Chefs zu verbessern? Oder tatkräftig zu unterstützen. Nehmen Sie sich ein konkretes To-do vor und beobachten Sie, ob und wie Sie damit etwas zum Positiven verändern. Und geben Sie nicht zu schnell auf. Veränderungen im Kommunikationsverhalten von Chefs kommen nicht über Nacht. Aber sie kommen!

3.2.2 Erfolgsrezept 12: Fordern Sie *Entscheidungen*!

> *Hey Chef: Entscheiden Sie und ich werde Sie besser unterstützen!*

Chefs, die ungern entscheiden, verlangsamen Prozesse. Und langsame Prozesse frustrieren Mitarbeiter, weil wenig vorangeht. Noch frustrierender sind diejenigen Chefs, die selbst nichts entscheiden, aber ihre Mitarbeiter kritisieren, weil die Ergebnisse ausbleiben. Das ist zwar der Gipfel der Ungerechtigkeit, aber leider oft die Regel in Führungsetagen. Mitarbeiter wollen Führungskräfte, die ihnen Freiheiten geben, selbst Entscheidungen zu treffen. Und auch selbst gerne Entscheidungen treffen. Selbst auf die Gefahr hin, dass die Entscheidung später mal revidiert werden muss. Denn nichts nervt so sehr, wie quälend lang auf die Entscheidung des Chefs warten zu müssen.

Das regelmäßige Nicht-Entscheiden des Chefs signalisiert Desinteresse. Es scheint dann so, als sei Ihr Thema nicht wichtig. Bedeutungslos. In solchen Fällen verkennt der Chef, dass Sie mit hohem Tempo und persönlichem Einsatz ein Zwischenergebnis erreicht haben und nun seine Entscheidung benötigen, in welche Richtung ab sofort weitergearbeitet werden soll.

Nicht-Entscheiden ist auch keine angemessene Reaktion, wenn Sie aufmerksam eine erfolgskritische Veränderung in den Rahmenbedingungen ihrer Aufgabenerledigung erkannt haben und nun eine Neujustierung der Aufgaben mit Ihrem Chef abstimmen wollen. Im schlimmsten Falle wirkt es so, als wäre Ihrem Chef alles egal. Dabei ist Entscheidungsschwäche häufig kein Zeichen von Desinteresse, sondern von Unsicherheit und mangelndem Vertrauen in sich selbst. Ebenso könnte es sein, dass Ihr Chef bei seinem Vorgesetzten kein Vertrauen spürt und deshalb partout keinen Fehler machen will – und dann eben lieber nicht entscheidet. Was jedoch regelmäßig von Führungskräften übersehen wird: Nicht entscheiden heißt auch entscheiden – denn nicht entscheiden bedeutet zu entscheiden, nichts zu tun, die Dinge laufen zu lassen. Und das ist in den meisten Fällen falsch, kontraproduktiv, demotivierend und mitunter sogar riskant für das Unternehmen.

Doch was können Sie gegen entscheidungsschwache Chefs tun? Versuchen Sie doch mal, Schritt für Schritt bestimmte Entscheidungen selbst zu treffen. Erst recht, wenn sich Ihr Chef nicht explizit bestimmte Entscheidungen vorbehält, können Sie sich Themenfelder suchen, auf denen Sie die Entscheidung treffen. Tasten Sie sich ran und gehen Sie einen Schritt nach dem anderen. Sie werden sehen, Ihr Chef ist insgeheim vielleicht sogar froh, wenn er bestimmte Entscheidungen nicht selbst treffen muss. Nehmen Sie sich daher mehr Freiheiten, selbst zu entscheiden und beobachten Sie, was passiert. Zurückrudern können Sie immer noch. Das ist allemal besser, als in der Lethargie des Nichtentscheidens dauerhaft gefangen zu sein. Damit wir uns aber hier nicht missverstehen: Es geht nicht darum, Entscheidungen heimlich hinter dem Rücken des Chefs zu treffen in der Hoffnung, er merkt es nicht. Nehmen Sie sich Schritt für Schritt Entscheidungsfelder vor, treffen Sie Entscheidungen und vertreten diese gegenüber Ihrem Chef offen und transparent. Er soll ausdrücklich sehen, dass Sie Dinge selbst entschieden haben. Und wenn es ihn stört, wird er es Ihnen sagen. Sie kehren so die Entscheidungsrichtung um: Während Sie bisher auf mehr Entscheidungen gewartet haben, entscheiden Sie jetzt Schritt für Schritt bestimmte Dinge selbst und halten Ihren Chef auf dem Laufenden. Jederzeit mit dem Recht, dass er die Hand hebt und in die Entscheidung enger eingebunden wird. Mal sehen, was passiert. Ich prophezeie Ihnen: In vier von fünf Fällen werden Sie sich sukzessive mehr Entscheidungsfreiheiten erarbeiten. Fangen Sie mit vermeintlich ‚kleinen eigenen Entscheidungen' an.

Entscheidungsstarke Chefs nehmen Fehlentscheidungen in Kauf. Auch dann, wenn sie vom Team gemacht werden. Denn sie wissen, dass schnell identifizierte Fehler häufig schnell korrigiert werden können, wenn man in der Lage ist, Entscheidungen mutig zu revidieren. Entscheidungsschwache Chefs hingegen fürchten Fehler und distanzieren sich schnell von den Fehlern ihrer Mitarbeiter. In solchen Fällen sollten Sie dennoch standfest zu getroffenen Entscheidungen stehen und diese auch selbstbewusst vertreten. Nicht um sie auf Biegen und Brechen zu verteidigen, wenn sie sich zwischenzeitlich als falsch herausgestellt haben. Sondern vielmehr in dem Bewusstsein, dass Sie mit dem Wissen zum Zeitpunkt der Entscheidung diese wieder getroffen hätten. Fordern Sie diesbezüglich mehr Fehlertoleranz beim Chef ein, wenn er schon selbst nicht entscheidet. Und geben Sie Ihrem Chef das gute Gefühl, dass Sie aus einmal gemachten Fehlern lernen, um den gleichen Fehler nicht zu wiederholen. Das fördert bei allen Beteiligten die Einsicht, dass das Machen von Fehlern zum Entscheiden dazugehört und elementarer Bestandteil von Agilität und kontinuierlicher Verbesserung des Teams ist. Mit diesem Selbstverständnis verlieren Entscheidungen und die daraus möglicherweise resultierenden Fehler ihren vordergründigen Schrecken! Das wahrgenommene Entscheidungsrisiko sinkt! Der Mut, Entscheidungen zügig zu treffen, steigt! Versuchen Sie es, Sie werden sehen, dass Sie bald mehr Entscheidungen selbst treffen können und vielleicht sogar Ihr Chef in der beschriebenen Kultur eines unverkrampften Umgangs mit Fehlern auf einmal selbst Freude am Entscheiden entdeckt. Ermutigen Sie Ihren Chef, entweder selbst Entscheidungen zu treffen oder Entscheidungen dorthin zu delegieren, wo sie verantwortungsvoll getroffen werden können. Bestimmt haben Sie schon eine Idee, wo Sie da bei Ihrem Chef ansetzen können!

3.2.3 Erfolgsrezept 13: Fordern Sie *Vertrauen*!

Hey Chef: Vertrauen Sie mir und Sie werden es nicht bereuen!

Vertrauen basiert auf dem Gefühl, sich auf den anderen verlassen zu können. Kann sich Ihr Chef auf Sie verlassen? Kann Ihnen Ihr Chef vertrauen? Wenn Chefs Vertrauen geben, arbeiten ihre Mitarbeiter effektiver, eigenverantwortlicher, motivierter, schlichtweg besser. Spüren Chefs im Gegenzug das Vertrauen des Teams, entscheiden sie häufig schneller, gehen öfters kalkulierbare Risiken ein. Wenn man sich gegenseitig vertraut, steigt insgesamt das Engagement. Denn normalerweise möchte niemand das in ihn gesetzte Vertrauen leichtfertig enttäuschen. Geben Vorgesetzte ihren Mitarbeitern schon am Anfang der Zusammenarbeit einen Vertrauensvorschuss, so hat das regelmäßig zur Folge, dass bereits mit Beginn der Zusammenarbeit die Leistungen sowohl von einzelnen Mitarbeitern wie auch vom ganzen Team besser werden.

Was aber genau bedeutet Vertrauen? Es bedeutet zuallererst, nicht immer und alles zu kontrollieren. Vertrauen sollte jedoch auch kein blindes, in jeder Hinsicht bedingungsloses Vertrauen sein. Denn Vertrauen in die Mitarbeiter setzt für Chefs voraus, von den Fähigkeiten und dem guten Willen des anderen überzeugt zu sein. Es bedeutet zudem, in Vorlage zu gehen, nämlich dem anderen zu unterstellen, dass er es nicht missbrauchen wird, dass er das in ihn gesetzte Vertrauen nicht unfair ausnutzen wird. Aber wie gesagt: Erwarten Sie vom Chef kein uneingeschränkt blindes Vertrauen – das wäre zu viel des Guten. Liefern Sie ihm Gründe, Ihnen vertrauen zu können. Dann dürfen Sie Vertrauen erwarten, ja sogar einfordern.

Aber wie können Sie von Ihrem Chef mehr Vertrauen bekommen? Zeigen Sie zuallererst ein gesundes Maß an Selbstvertrauen. Denn insbesondere der, der sich wortwörtlich selbst vertraut, wird von Anderen Vertrauen erhalten. Geben Sie zudem Ihrem Chef auf dieser Grundlage ein begründetes Gefühl der Sicherheit, sich auf Sie verlassen zu können. Das kann er, wenn Sie ihm klar machen, dass Sie den Anforderungen, die Ihr Job an Sie stellt, gewachsen sind. Dass Sie sich – trotz aller zunehmenden Herausforderungen in der digitalen Transformation von Unternehmen – auch neuen Herausforderungen gewachsen fühlen. Das sollte zwar Ihr Chef auch ohne Ihre ausdrückliche Betonung wissen, aber häufig ist es ihm nicht bewusst. Vielleicht, weil er Sie auch anders erlebt? Nachdenklich, zweifelnd, sogar ängstlich? Wenn Sie Ihrem Chef Anlässe geben, Sie als selbstbewussten, vertrauenswürdigen Mitarbeiter zu erleben, sollten Sie ohne Wenn und Aber einen angemessenen Vertrauensvorschuss von ihm erhalten. Fordern Sie ihn ein – natürlich angemessen im Ton, bitte freundlich, aber gerne selbstbewusst!

Das Geben von Vertrauen fällt vielen Chefs erfahrungsgemäß schwer. Denn man macht sich beim Vertrauensvorschuss zunächst ‚verletzlich': Schließlich kann Vertrauen ausgenutzt, es könnte missbraucht werden. Auch kann es für machtpolitische Spiele im Unternehmen instrumentalisiert werden. Und sollte Ihr Chef beruflich oder privat schon einmal die schmerzliche Erfahrung des Vertrauensmissbrauchs gemacht haben, so ist er vielleicht bei diesem Thema ein gebranntes Kind. Das kann es Ihrem Chef erschweren, über seinen Schatten zu springen und Ihnen das Vertrauen entgegenzubringen, das Sie verdient haben und sich wünschen. Häufig hört man von Chefs, dass man sich das Vertrauen erstmal erarbeiten muss. Dass erstmal eine gewisse Vertrautheit entstehen müsse, bevor dann das Vertrauen kommt. Eine solche Einstellung wäre zwar mit Blick auf etwaige frühere Enttäuschungen nachzuvollziehen. Aber dennoch ist eine solche Haltung für Führungskräfte kontraproduktiv. Denn ein professioneller Vertrauensvorschuss setzt keineswegs langjährige Vertrautheit voraus. Widersprechen Sie da freundlich, sollte Ihr Chef auf diese Weise argumentieren. Erfolgreiche Führungskräfte verschenken Vertrauen und beobachten, was der Beschenkte mit diesem Vertrauensvorschuss macht. Dennoch kann man es nicht oft genug betonen, weil es immer wieder verwechselt wird: Vertrauen zu schenken ist ausdrücklich nicht mit blindem Vertrauen gleichzusetzen. Das Fordern von blindem Vertrauen – quasi einem Freibrief für alles, was man tut und auch nicht tut – können Sie nicht von Chefs verlangen. Wir reden hier stets über das Fordern eines mutigen Vertrauensvorschusses. Wir sprechen hier über ein mutiges, selbstbewusstes Vertrauen des Chefs, mit dem er Ihnen zeigt, dass er an Sie und Ihr integres Verhalten glaubt. Und genau das sollten Sie Ihrem Chef aktiv vorleben, damit sich seine etwaigen Vorbehalte, Vertrauen zu schenken, sukzessive reduzieren. Das klingt wie ein jahrelanges Unterfangen, bei manchem Chef vielleicht sogar nach einer ‚Mission Impossible? Sie werden sehen: Wenn Sie sich vertrauenserweckend und authentisch verhalten, erleichtern Sie Ihrem Chef, Vertrauen zu geben. Genau in diesem Kontext dürfen Sie von ihm auch mal den einen oder anderen Vertrauensvorschuss einfordern. Und wenn Sie verantwortungsvoll mit einem Vertrauensvorschuss umgehen, werden Sie schnell mehr Vertrauen, häufig sogar viel mehr davon bekommen.

Mit den nachfolgenden Verhaltensweisen werden sie es Ihrem Chef erleichtern, Ihnen Vertrauen zu schenken:

– Kommunizieren Sie offen, wertschätzend, ehrlich und transparent. Bleiben Sie dabei immer Sie selbst. Das bedeutet nicht, dass Sie Ihrem Chef immer sofort an Ort und Stelle mitteilen müssen, wenn Sie beispielsweise an seinem Verhalten etwas stört. Aber trauen Sie sich bitte auch die unangenehmen Nachrichten offen an Ihren Chef zu kommunizieren. Ruhig, faktenbasiert, freundlich.

– Lügen Sie nicht! Die entdeckte Lüge ist der natürliche Feind des Vertrauens! Und ist das Vertrauen erstmal weg, kommt es so schnell nicht wieder zurück! Auch das nachträgliche Einräumen, doch nur eine Notlüge gebraucht zu haben, holt zerstörtes Vertrauen erfahrungsgemäß nicht zurück. Verfahren Sie besser nach der Regel: Alles, was Sie sagen, sollte wahr sein. Aber nicht alles, was wahr ist, sollten und müssen Sie sagen. Das Gleiche können Sie von Ihrem Chef einfordern: Sie haben keinen Anspruch darauf, alles zu erfahren, was Ihr Chef in seiner Funktion als Führungskraft im Unternehmen erfährt. Aber das, was Ihnen Ihr Chef mitteilt, muss wahr sein. Sonst kann man nicht vertrauensvoll zusammenarbeiten. Wird diese Regel nicht diszipliniert von beiden Seiten eingehalten, ist auf Dauer keine vertrauensvolle Zusammenarbeit möglich.

– Brechen Sie gegenüber Ihrem Chef nicht leichtfertig Versprechungen oder gemachte Zusagen. Der Vertrauenszuwachs Ihres Chefs braucht ihre Zuverlässigkeit, Ihre Integrität, Ihre Verlässlichkeit.

– Geben Sie Fehler zu, wenn Sie sie gemacht haben und schieben Sie eigene Fehler nicht anderen in die Schuhe. Wer Fehler offen zugeben kann, signalisiert seinem Umfeld, Verantwortung für sein Handeln zu übernehmen. Diese Verantwortung steigert das Vertrauen in Sie – wenn aus Fehlern gelernt wird und der gleiche Fehler nicht wiederholt wird.

Wenn Sie die vier vorgenannten Ansatzpunkte konsequent beherzigen, werden Sie erleben: Vertrauen pflanzt sich schneller fort, als man glaubt. Und auch Chefs sind in der Lage, mehr Vertrauen zu geben, wenn ihnen Vertrauen entgegengebracht wird. Chefs sind Menschen wie Sie, die gerne Vertrauen spüren. Auch ganz besonders von den Mitarbeitern!

Versuchen Sie es – geben Sie Vertrauen. Schauen Sie aufmerksam hin und Sie werden sehen, wie sukzessive auch das Vertrauen in Sie steigt.

3.2.4 Erfolgsrezept 14: Fordern Sie *Freiheiten*!

Hey Chef: Geben Sie mir Freiheiten und ich werde effektiver arbeiten!

Chefs können auch deshalb nerven, weil sie aus der Sicht der Mitarbeiter unnötig starre Arbeitsprozesse vorgeben, die ihre Freiheiten einschränken. Wie beispielsweise die tägliche Anwesenheitspflicht im Büro am Firmensitz. Obwohl die Corona-Pandemie mit ihrer Zunahme von Homeoffice-Arbeit gezeigt hat, dass man viele Aufgaben auch außerhalb der Firmenräume erledigen kann. Es bestätigte sich, dass flexible Arbeitsstrukturen nicht notwendigerweise zu Produktivitätsverlusten führen, wenn man es als Unternehmen und Führungskraft richtig anpackt.

Eine flexible Arbeitszeiteinteilung, die weitgehend freie Wahl des Arbeitsortes und flexible, agile Formen der kollegialen Zusammenarbeit sind nur einige Beispiele, dass eine von Eigenverantwortung und Freiheiten geprägte Organisation der Arbeit nicht zu schlechteren Arbeitsergebnissen führt. Im Gegenteil! Dennoch drehen viele Chefs nach der Corona-Pandemie das Rad wieder zurück. Beharren aus Sicht der Mitarbeiter auf unnötig vielen Präsenztagen im Firmenbüro. Das nervt, denn gerade diese Forderungen erzeugen in den Augen der Mitarbeiter unnötige Ineffizienzen durch An- und Abreisezeiten und vieles mehr. Immer mehr Kollegen monieren zudem unter Nachhaltigkeitsaspekten eine unverhältnismäßige CO_2-Bilanz durch nicht notwendige Wegeleistungen. Es demotiviert Mitarbeiter, wenn sie Präsenztermine haben, die aus ihrer Sicht unnötig oder zumindest in einer Gesamtbetrachtung unverhältnismäßig erscheinen. Diesbezüglich sollten Sie offen mit Ihrem Chef kommunizieren und Freiheiten aktiv dort fordern, wo Sie aus Ihrer Sicht Sinn machen.

Überlegen Sie: Welche sinnvollen Freiheiten in Ihrer täglichen Arbeit können Sie ab morgen anregen, ansprechen, vielleicht sogar schon aktiv einfordern? Denn eigentlich ist es ganz einfach: Es geht im Kern darum, dass Sie von Ihrem Chef Freiräume erhalten, in denen Sie selbständig arbeiten dürfen und können! Wenn Sie keinen geeigneten Heimarbeitsplatz haben, macht die

Flexibilität einer Homeoffice-Regelung selbstredend keinen Sinn. Sie müssen schon wollen und können. Dann aber haben sie ein breites Spektrum an Vorschlägen, die Sie Ihrem Chef unterbreiten können. Aber überhäufen Sie bitte Ihren Chef nicht gleich mit Vorschlägen, sondern fangen Sie mit dem passendsten Vorschlag an:

— Fordern Sie Freiheiten in der zeitlichen Gestaltung der Arbeit, beispielsweise beim Start/Ende der täglichen Arbeit, Freiheit in der zeitlichen Lage des Urlaubs und so weiter. Das setzt voraus, dass das prozessual und organisatorisch auch möglich und sinnvoll ist. Der Friseur kann nicht morgens um 6 Uhr die Haare schneiden, wenn sein Kunde nicht vor ihm auf dem Stuhl sitzt. Aber in sehr vielen anderen Jobs könnte der Mitarbeiter problemlos viel freier selbst entscheiden, wann er seine Arbeitsleistung erbringt, ohne die Ergebnisse in zeitlicher oder qualitativer Weise zu beeinträchtigen. Überlegen Sie, welche Aufgaben das bei Ihnen sind.

— Fordern Sie Freiheiten hinsichtlich des Ortes Ihrer Leistungserbringung. Sie sehen hier schon, dass dieser Punkt auch mit der bereits erwähnten zeitlichen Erbringung ihrer Arbeitsleistung zusammenhängt. Wenn Sie nicht auf den persönlichen, physischen Kontakt zu Kollegen, Kunden oder Lieferanten angewiesen sind und Ihr Arbeitsort keine sonstigen Zusatzkosten zur Arbeit am Firmensitz erzeugt, so gibt es keine sachlichen Gründe, warum Sie Ihren Arbeitsort nicht völlig frei wählen können. Denn ob Sie Ihr Strategiekonzept im Büro Ihres Headquarters in Frankfurt am Main oder in einer Finca auf Mallorca schreiben, macht für das Konzept keinerlei Unterschied. Für Sie aber schon!

— Fordern Sie Freiheiten für die eigenverantwortliche Nutzung von Budgets und bieten sie Ihrem Chef an, für diese Nutzung im Bedarfsfall natürlich jederzeit rechenschaftspflichtig zu sein. Erfahrungsgemäß werden Prozesse in Projekten häufig verlangsamt, weil selbst bei geringem und unvermeidbarem Budgetbedarf niemand aus dem Projekt Beträge eigenverantwortlich verausgaben darf. Wie gut wäre es da, als Chef eine Kostenstelle für bekannte Projektvorhaben zu planen, die von Mitarbeitern seines Bereiches eigenverantwortlich genutzt werden können. Das kann so aussehen, dass beispielsweise Beträge bis 100 Euro im Vier-Augen-Prinzip mit einem weiteren autorisierten Projektmitglied eigenverantwortlich verausgabt werden können. Mit allen korrespondierenden Vorteilen für den Chef, der sich mit diesem Vertrauensvorschuss an die Mitarbeiter eine Menge an ‚Kleinkram-Aufwand' vom Halse hält.

— Fordern Sie Freiheiten bei der Zusammenarbeit mit Fachabteilungen Ihres Unternehmens. Es kommt immer wieder vor, dass die ressortübergreifende Zusammenarbeit in Teilen des Unternehmens nicht gerne gesehen wird. Weil die Chefs zweier Bereiche sich nicht mögen oder die Bereiche beispielsweise um die gleichen internen Budgets ringen. Weil man sich gegenseitig in der Vergangenheit Leistungsträger abgeworben hat oder sich anderweitig im Laufe der Zeit irgendwie ein Feindbild aufgebaut hat, an dessen konkrete Entstehung sich heute keiner mehr genau erinnern kann. Gehen Sie in all diesen Fällen gerne voran und zeigen Sie an eigenen, positiven Beispielen guter, bereichsübergreifender Zusammenarbeit, welche Vorteile die kollegiale Kooperation mit Kollegen hat. Zum Beispiel, weil man durch die Nutzung der Expertise der Kollegen bessere eigene Ergebnisse erzielt. Fordern Sie hier die Freiheit, mit diesen Kollegen kollegial zusammenarbeiten zu dürfen, anstatt sich durch historisch gewachsene Bereichsegoismen unnötig einzuschränken.

– Fordern Sie Freiheiten in der Kooperation mit unternehmensexternen Experten-Netzwerken. Diese Netzwerke zeichnen sich dadurch aus, dass sie auf Win-win-Situationen der Teilnehmenden basieren. Jeder Teilnehmer bringt sein Know-how ins Netzwerk ein und nutzt das Know-how der anderen. Es ist ein Geben und Nehmen. Auch diese Kooperationsform ermöglicht es Ihnen, die Qualität der eigenen Arbeit zu erhöhen. Alle Beteiligten in Netzwerken profitieren voneinander. Es kommt jedoch vor, dass Vorgesetzte bei einer solchen Kooperation den unkontrollierten Abfluss von Unternehmens-Know-how befürchten. Oder dass man in offenen Netzwerken Geschäftsgeheimnisse preisgibt, wenn auch nur unabsichtlich. In solchen Fällen können Sie mit ihrem Vorgesetzten klären, bei welchen Themen und in welchem Umfang Sie hier Freiheiten erhalten, auch in solchen unternehmensübergreifenden Netzwerken weiterhin aktiv zu sein. Denn es spricht in den meisten Fällen nichts dagegen, sich in Expertennetzwerken zu ausgewählten Fragen Rat zu holen, um so die Effizienz und Effektivität der eigenen Arbeit zu verbessern. Und es kommt letztendlich auch Ihrem Chef zugute, wenn Sie die Aufgaben besser erledigen. Auch deshalb sollten Sie hier die aus Ihrer Sicht sinnvollen Freiheiten aktiv von ihm einfordern.

– Fordern Sie Freiheiten, bei Ihrer Arbeitserledigung auch mal Neues ausprobieren zu dürfen. Selbst wenn auch mal was schiefgeht und das Ergebnis vielleicht sogar kurzfristig darunter leidet. Lernende Organisationen machen es das nächste Mal besser und steigern somit auch Schritt für Schritt die Arbeitseffektivität und -ergebnisse des Bereiches. Daher gehört hier zu Ihrer Forderung von Freiheiten gegenüber dem Chef auch Ihre Zusage, aus den gemachten Fehlern schnell und nachhaltig zu lernen, um auch auf diesem Wege Ihre Kompetenzen immer weiter zu verbessern. Fordern Sie daher Freiheiten im Prozess der Leistungserbringung, Dinge anders anzugehen und umzusetzen. Anstatt eines „das machen wir so, weil wir es schon immer so machen" wollen Sie auch mal was Neues ausprobieren. Etwas, das Zeit- oder Kostenersparnis oder bessere Ergebnisse verspricht. Sichern Sie sich hier das Vertrauen des Vorgesetzten, innerhalb gemeinsam festgelegter Freiräume selbst entscheiden zu können.

– Fordern Sie Freiheiten bei der Festlegung der eigenen Ziele, denn je mehr Sie bei Ihrer Definition und Ausgestaltung eingebunden werden, umso einfacher fällt es Ihnen, sich damit zu identifizieren. Machen Sie das Ihrem Chef klar. Es gibt bereits heute viele Unternehmen, die nach dem sogenannten OKR-(Objectives & Key Results)System steuern. Dieses Vorgehen impliziert, dass sich die Mitarbeiter weitgehend selbständig die Ziele setzen und auch deren Erreichung bewerten und überwachen. In diesem Zusammenhang verändert sich die Rolle der Führungskraft vom ‚Vorgabenmacher und Kontrolleur' zum ‚Ermöglicher und Unterstützer' der Mitarbeiter. Ein interessanter Ansatz, der jedoch ein fundamentales Umdenken hinsichtlich der traditionellen Führungskultur beim Vorgesetzten, den Mitarbeitern und im gesamten Unternehmen erfordert. Aber wer hält Sie davon ab, bei Ihrem Chef beispielsweise einen Gastvortrag eines ‚OKR-Chefs' anzuregen? Vielleicht auf dem nächsten Team-Meeting oder auf dem nächsten TownHall Meeting. Häufig werden händeringend Themen für solche Impulsvorträge gesucht. Schlagen Sie es doch mal vor!

Anhand der beschriebenen Beispiele erkennen Sie: Mit den Freiheiten in Ihrem Job ist es so wie mit vielen anderen Dingen des täglichen Lebens – Sie können viel mehr selbst in die Hand nehmen, als Sie auf den ersten Blick vermuten. Und je klarer Sie Ihrem Chef die sinnvollen Ansatzpunkte für mehr Freiheiten darstellen, umso größer ist Ihre Chance, Schritt für Schritt mehr Freiheiten bei der Arbeitserledigung zu erhalten. Probieren Sie es aus!

3.2.5 Erfolgsrezept 15: Fordern Sie *Kreativität*!

Hey Chef: Lassen Sie Kreativität zu und wir werden bessere Ergebnisse erzielen!

Ihr Chef nervt, weil er die immer facettenreicheren Herausforderungen des beruflichen Alltags mit den immer gleichen, alten Rezepten lösen will? Dann fordern Sie mehr Kreativität von ihm. Aber wie? Sie können in zwei Richtungen aktiv werden:

– Fordern Sie einerseits, dass Ihr Chef seine teils unproduktiven, alten Gewohnheiten hinter sich lässt und neue, kreative Lösungsansätze wagt. Das wird er aber voraussichtlich nicht tun, nur weil Sie es ihm empfehlen. Erschwerend kommt hinzu: Sie werden es ihm vermutlich auch gar nicht so direkt sagen wollen? Aber Sie können ihm Sicherheit geben, indem Sie ihm Vorschläge unterbreiten und diese nicht als neue, kreative Lösungsansätze deklarieren, sondern als Absicherung seiner Risiken als Führungskraft.

Dazu ein sehr einfaches, fast triviales, aber mehrfach erlebtes Beispiel aus dem Führungsalltag: Wenn Chefs zum wiederholten Male auf das pünktliche Erscheinen bei Teammeetings hingewiesen haben, Teile des Teams aber jedes Mal entgegen der Absprache zu spät kommen, so reagieren viele Chefs typischerweise sehr unkreativ mit einer immer wiederkehrenden Ermahnung der regelmäßig Verspäteten. Ein solcher Chef dreht sich mit seinen ergebnislosen Forderungen im Kreis und nervt diejenigen Projektmitglieder, die pünktlich zu den Meetings erscheinen. Schlagen Sie doch Ihrem Chef mal vor, das nächste Meeting pünktlich zu starten und die Tür von innen abzuschließen, um so mit den ‚Pünktlichen' das Meeting ungestört durchführen zu können. Das kann man nicht machen, denken Sie? Mag sein, dass es unkonventionell ist! Mag sein, dass es auf den ersten Blick sogar kleinkariert anmutet! Aber es wirkt. Denn es ist unerwartet! Es ist ein bisschen provokativ für die, die draußen stehen! Es ist auf jeden Fall kreativ und innovativ in dem Sinne, dass man einen neuen und vor allem unerwarteten Umgang mit der Situation ausprobiert! Auf die verdutzte Rückfrage der diesmal Ausgeschlossenen erwidert der Chef später, dass er dieses Meeting mit denjenigen Teammitgliedern durchführen wollte, die mit ihrer Pünktlichkeit dem Termin den nötigen Respekt entgegengebracht haben. Wenn der Chef das freundlich sagt, wirkt es nicht eskalierend, ist aber aufrüttelnd und zweifelsfrei ein innovativer Ansatz, die Situation zu verändern. Vielleicht fragen Sie sich jetzt: „Und das soll die kreative Musterlösung für den Umgang mit unpünktlichen Projektmitarbeitern sein?" Die klare Antwort darauf lautet: Nein! Aber es ist ein Musterbeispiel für eine kreative Reaktion einer Führungskraft, die man im Alltag ‚aus dem Stand' zeigen kann. Mit der man sicherlich nicht inflationär umgehen sollte. Aber darum geht es hier auch nicht. Wir schauen uns dieses einfache, willkürliche Beispiel eines innovativen Verhaltensansatzes auch deswegen an, weil der Chef mit seinem Verhalten darüber hinaus auch den pünktlichen Teammitgliedern implizit seinen Respekt ausspricht! Denn alle Teilnehmenden beobachten den Umgang mit der Unpünktlichkeit einzelner Teammitglieder und werden auf Sicht ihr eigenes Verhalten den beobachteten Spielregeln anpassen.

Stärken Sie Ihrem Chef von Zeit zu Zeit den Rücken, auch mal auf den ersten Blick unkonventionelle, kreative Entscheidungen im Sinne des gesamten Teams zu treffen. Neue kreative Ansätze bedürfen nicht notwendigerweise eines langen Vorlaufs, um sie auszuprobieren. Vielmehr den Willen, es zu tun.

– Fordern Sie andererseits, dass Ihr Chef die Innovationspotenziale des ganzen Teams nutzt. Fordern Sie als Team die nötigen Freiheiten und das erforderliche Vertrauen, um Aufgaben bestmöglich gemeinsam, interaktiv erledigen zu können. Das setzt voraus, dass Ihr Chef bereit ist, loszulassen. Denn anstatt selbst operativ zu steuern, gibt er Freiheiten ans Team ab. Anstatt Lösungen selbst vorzugeben, nutzt er die Kreativität des Teams bei der Lösungsfindung. Sie können das fördern, indem Sie ihm die Sicherheit geben, ihn auch beim Gewähren von Entscheidungsfreiheiten nicht vom Entscheidungsprozess abzukoppeln. Geben Sie ihm ungefragt Informationen zum Status ihrer Arbeit, geben Sie ihm das begründete Gefühl gebraucht zu werden und wertschätzen sie seine Beiträge – sofern es auch wirklich Anlass dazu gibt. Binden Sie ihn bei Entscheidungen mit ein, wenn Sie unsicher sind. Und zeigen Sie Ihrem Chef auch aktiv, wie gut und kreativ Sie im Team mit den neuen Freiheiten umgehen können. Er wird schnell merken, dass ein Mehr an Kreativität im Team auch zu einem Mehr an Leistung in seinem Einflussbereich führt. Und das kommt letztendlich auch ihm zugute. Denn neben einer deutlich gestiegenen Arbeitsfreude bei Ihnen sowie im Team werden auch kontinuierlich die Ergebnisse des gesamten Bereiches besser.

Sie sehen: Das Geben kreativer Freiräume fürs Team setzt beim Chef Mut voraus, sich darauf einzulassen. Und Vertrauen in die Mitarbeiter, diese Freiräume nicht unproduktiv auszunutzen. Genau hier sollten Sie ansetzen, Ihrem Chef etwaige Sorgen zu nehmen. Auch wenn diese Sorgen so gut wie nie von Chefs ausgesprochen werden, sind Sie gut beraten, bei Ihrem Chef Vorbehalte zu zerstreuen, sich mit dem Geben von Freiräumen in ein unkalkulierbares persönliches Risiko zu begeben. Zeigen Sie ihm vielmehr, dass sich sehr schnell bessere Ergebnisse einstellen, dass die Mannschaft mit mehr Spaß und Engagement arbeitet und sich das ‚Mehr an gefühltem Risiko' am Ende als ein ‚Mehr an objektiver Leistung' darstellt. Wo konkret können Sie bei Ihrem Chef ansetzen, mehr Kreativität zu zeigen?

3.2.6 Erfolgsrezept 16: Fordern Sie *Zeit*!

> *Hey Chef: Geben Sie mir ausreichend viel Zeit zur Aufgabenerledigung und unsere Performance wird sich verbessern!*

Mitarbeiter nervt es in der heutigen Zeit, immer seltener an einer Sache dranbleiben zu können, bis sie zufriedenstellend erledigt ist. Permanent flattern neue Aufgaben rein, dauernd erhält man neue Prioritäten, regelmäßig ändern sich die Rahmenbedingungen, unter denen die Aufgaben zu erledigen sind. Und mittendrin der Chef, der zusätzlich Druck aufbaut. Alles muss am besten schon bis gestern fertig sein. Zeitdruck ohne Ende. Genau deshalb wird aber nichts mehr richtig fertig. Die Qualität der Aufgabenerledigung sinkt, alles wird gleichzeitig gemacht. Es fühlt sich nicht gut an, dauerhaft so zu arbeiten. Die Laune von Ihnen sinkt, aber auch die von Ihrem Chef. Und keiner blickt mehr richtig durch in dem ganzen Chaos aus Aufgabenfülle und Zeitdruck. Fordern Sie daher Zeit! Doch wie soll das gehen, in all dem beschriebenen Chaos?

Nun, einerseits benötigen Sie die Transparenz über Ihre laufenden Aufgaben: Welche und wie viele sind das genau? Und andererseits benötigen Sie die Transparenz über die geplanten oder gewünschten Fertigstellungstermine der Ergebnisse: Also bis zu welchen Terminen sollen und werden die einzelnen Aufgaben fertig sein?

Was passiert jetzt, wenn Ihr Chef mit einem seiner Spontanaufträge auf Sie zukommt? „Höchste Priorität, bitte Vollgas geben!" lautet die Vorgabe des Chefs. Sie sollen mal wieder bis übermorgen die Ergebnisse zum übergebenen Auftrag vorlegen. Sie haben jetzt die Möglichkeit, den (Zusatz)Auftrag entweder klaglos zu übernehmen und ihn irgendwie bis übermorgen – mehr schlecht als recht – zu erledigen. Natürlich unter stillem Leisten von Überstunden, denn sonst ist das alles nicht zu bewerkstelligen. Oder Sie machen es ab sofort anders: Sie erklären Ihrem Chef, dass Sie sehr gerne den wichtigen Auftrag bis übermorgen erledigen werden. Sie schätzen aus dem Stand den Aufwand auf ‚x Stunden' und informieren Ihren Chef darüber, welche anderen Tätigkeiten bis übermorgen liegen bleiben. Falls seine spontane Reaktion darauf ist, dass das nicht geht, sollten Sie jedoch standfest bleiben und Ihrem Chef den Zeitbedarf für die beiden konkurrierenden Aufträge erklären, ganz ruhig und freundlich. Gerne mit dem Hinweis, dass eine neue Priorisierung für Sie kein Problem ist, aber dauerhaftes ‚Obendrauf laden' von Aufgaben mit unrealistischen Zeitfenstern für Sie nicht akzeptabel ist, denn Sie wollen ja ein Mindestmaß an Qualität abliefern. Auch im Sinne des Chefs. Viele Chefs wollen das zunächst nicht hören, verstehen das aber, wenn man es ihnen in Ruhe und vor allem mit Verweis auf die korrespondierenden zeitlichen Aufwände erklärt. Denn wenn Sie bereits an einem zeitintensiven Auftrag bis übermorgen arbeiten und die beschriebene Zusatzaufgabe für die nächsten 36 Stunden dazukommt, müssen Sie priorisieren. Ohne Wenn und Aber. Andernfalls hätten Sie aktuell Leerzeiten und würden ohne den Zusatzauftrag unproduktiv rumsitzen. Da Sie aber aktuell schon voll ausgelastet sind, müssen Sie Ihrem Chef das entstehende Zeitproblem erklären. Das dauert vermutlich nicht länger als eine Minute. Aber es bringt doch nichts, denken Sie? Das haben Sie schon probiert? Dann probieren Sie es bitte faktenbasiert noch mal – es wird funktionieren. Denn Chefs haben kein Interesse daran, der Grund für qualitativ schlechte Ergebnisse zu sein. Erst recht nicht, wenn es ihnen schon vorher angekündigt worden ist. Die Glaubwürdigkeit Ihrer Argumentation setzt voraus, dass Ihr Chef Sie bisher nicht als ‚Drückeberger' oder ‚Jammerlappen' abgestempelt hat. Wenn das so wäre, würde Ihre Argumentation ins Leere laufen. Da er aber Ihre Arbeitsleistung schätzt, wird es sich ihr Chef zu Herzen nehmen.

Fordern Sie also die Zeit, die Sie zur Erledigung Ihrer Aufgaben mit der erwarteten Qualität und Güte benötigen. Und da ist schon das Machen von Überstunden berücksichtigt. Denn die Botschaft ist hier nicht, dass man als Mitarbeiter – wenn's zeitlich und terminlich eng wird – nicht auch mal Überstunden machen kann und sogar soll. Das Machen von Überstunden darf aber nicht zum Dauerzustand werden, zum Bestandteil des Regeljobs. Und erst recht dürfen die Aufwände von Aufträgen nicht bedeutungslos für die Terminierung der Aufgabenerledigung sein.

Fordern Sie demgegenüber Ihren Chef gerne auch auf, Sie an den Ergebnissen Ihrer Arbeit zu messen, anstatt den Blick zu sehr auf die zeitlichen Verfügbarkeiten von Ihnen zu richten. So sind in vielen Jobs die Regelarbeitszeiten von 9–17 Uhr für die Aufgabenerledigung gar nicht erfolgskritisch, wenn sich die Mitarbeiter entlang eines klaren Zieles ihre Arbeitszeiten flexibel einteilen und auch so das bestmögliche Arbeitsergebnis erzielen können. Fordern Sie daher überall dort wo möglich, zeitliche Flexibilität bei der Aufgabenerledigung bei Ihrerseits uneingeschränktem Fokus auf die angestrebten Ergebnisse. Und überzeugen Sie Ihren Chef mit der Qualität Ihrer Ergebnisse, die von Ihrem konsequenten und flexiblen Zeitmanagement profitieren werden!

3.2.7 Erfolgsrezept 17: Fordern Sie *Ziele*!

> *Hey Chef: Geben Sie mir erreichbare Ziele*
> *und wir werden gemeinsam erfolgreicher!*

Sie kennen Ihre Ziele? Kennen Sie die Ziele Ihres Vorgesetzten? Haben Sie den Eindruck, dass die Ziele immer wieder verändert werden, obwohl sie doch gerade erst ausgesprochen und vereinbart wurden? Volatile Ziele entstehen häufig mit der Begründung, in der heutigen Zeit flexibel sein zu müssen. Einverstanden! Flexibilität und Agilität in der Arbeit sind heute mehr denn je wichtige Voraussetzungen für den Unternehmenserfolg. Viele Führungskräfte verwechseln jedoch Flexibilität damit, entweder gar keine Ziele vorzugeben oder Ziele je nach Stimmungslage zu definieren und anzupassen. Das sieht dann so aus, dass immer wieder neue Ziele vom Chef vorgegeben werden.

Wobei für Sie intransparent ist, wo die wechselhaften Ziele herkommen. Hinzu kommt: Die Ziele passen bei näherer Betrachtung nicht zusammen. Sie stehen entweder unverbunden nebeneinander oder noch schlimmer: Sie widersprechen sich sogar. Das nervt umso mehr, wenn Sie nicht erkennen können, warum die vom Chef heute so hoch priorisierten Themen jetzt auf einmal so wichtig sind, wo sie doch gestern noch gar nicht existiert haben.

Ein solches Vorgesetztenverhalten kann die folgenden Ursachen haben:

– Ihr Chef kennt die eigenen Ziele nicht bzw. lässt sich immer wieder neue Ziele ‚von oben' reindrücken, die er dann weitgehend ungefiltert an Sie weitergibt. Es entsteht ein unübersichtlicher ‚Spaghetti-Knoten' an Zielen, der keinerlei Orientierung mehr zulässt.

Fordern Sie Ihren Chef auf, gemeinsam mit Ihnen und dem Team, die kurz-, mittel- und langfristigen Ziele des Bereiches eindeutig festzulegen. Das kann ein schmerzhafter Prozess für einen Bereich sein, der bis hin zur Beantwortung der Frage geht: „Wozu gibt es uns und wer will die Leistungen haben, die wir täglich im Unternehmen erbringen". Doch wenn es nicht klar ist, fehlt der Kompass in der täglichen Arbeit. Auch für den Chef. Und genau das merken Sie dann im Tagesgeschäft. Schlagen Sie Ihrem Chef vor, auf dem nächsten Teammeeting die Ziele strukturiert mit den Mitarbeitern des Bereiches zu reflektieren. Das hilft, die Richtung für alle zu justieren und der gemeinsamen Arbeit auch eine von allen nachvollziehbare Ausrichtungen zu geben. Daraus lassen sich dann die anderen, operativen Ziele viel leichter ableiten sowie Veränderungen in den Zielen einfacher verstehen.

– Die Ziele im eigenen Bereich passen nicht zusammen. Die einen arbeiten an der Kostensenkung im Servicebereich, die anderen an der Verbesserung der Servicelevel. Das kann im Einzelfall zusammenpassen, in der Regel führen diese konkurrierenden Ziele jedoch zu Problemen in der Zusammenarbeit, weil sich viele Aktivitäten zur Erreichung dieser Ziele kannibalisieren. Denn die Erhöhung der Servicelevel gehen im Grundsatz nicht mit einer Reduktion der Servicekosten einher. Und wenn doch, muss das aktiv und von langer Hand gemanagt werden. Genau hier sind tagesaktuelle Hektik und immer wieder neue Ziele besonders kontraproduktiv.

Wirken Sie daher darauf hin, dass die Ziele in Ihrem Bereich zusammenpassen. Wenn Sie feststellen, dass Sie und Ihre Kollegen an konkurrierenden Zielen arbeiten, fordern Sie eine Erklärung Ihres Chefs und zeigen Sie ihm, dass Sie verstehen wollen, warum Sie an widersprüchlichen oder inkompatiblen Aufgaben arbeiten. Häufig fällt Chefs dann auf, was sie in der Hektik des Tagesgeschäftes an unproduktivem Chaos anrichten. Trauen Sie sich daher, das anzusprechen. Sie werden sehen, dass Ziele angepasst

werden mit der Konsequenz, dass sie zusammenpassen und alle in die gleiche Richtung arbeiten.
- Ziele sind objektiv nicht erreichbar und verlieren so ihre Anreizwirkung. Ein Beispiel: Sie sollen die Kosten um 30 % in einem Bereich reduzieren, müssten dazu jedoch Personal entlassen, denn die Personalkosten machen 80 % der Gesamtkosten des Bereiches aus. Personalentlassungen sind jedoch im Unternehmen kategorisch ausgeschlossen. Personalversetzungen in andere Abteilungen ebenfalls. Das Ziel der Kostenreduktion im erforderlichen Umfang ist damit nicht erreichbar. Auch wenn es nicht immer so leicht erkennbar ist wie hier in unserem Beispiel, wimmelt es in der Praxis von unerreichbaren Zielen.

Wenn Ihnen unerreichbare Ziele vorgegeben werden, sollten Sie keine Zeit verlieren, es sofort Ihrem Chef mitzuteilen. Informieren Sie ihn, dass etwas nicht zusammenpasst. Denn stellen Sie sich für einen kurzen Moment vor, Ihr Chef verließe morgen überraschend das Unternehmen und sein Nachfolger fragt Sie, warum Sie ein solches Ziel mitgetragen haben? Da hilft es in der Regel wenig, sich auf den widerspenstigen ‚alten' Chef zu berufen. Thematisieren Sie das bitte sofort, wenn Sie den Mangel erkennen. Denn wenn Sie nicht dafür sorgen, dass objektiv unerreichbare Ziele angepasst werden, werden Sie schlimmstenfalls persönlich für deren Nichterreichung verantwortlich gemacht. Und sollten Sie erst dann auf die unrealistischen Ziele hinweisen, wirken Ihre Argumente wie eine schlechte Ausrede. Sehen Sie daher auch im eigenen Interesse zu, dass Sie so etwas zeitnah mit Ihrem Chef besprechen.

Doch was machen Sie, wenn sie keine Ziele von Ihrem Chef erhalten? Wenn Sie Ihre Aufgaben im Tagesgeschäft abarbeiten – ohne ausdrücklich formuliertes Ziel. Dann fragen Sie sich bitte, wie Sie Ihre aktuelle Arbeitssituation bezüglich der nachfolgenden drei Kriterien einschätzen würden: In welchem Verhältnis stehen die

- Bearbeitungszeit (der Ihnen übertragenen Aufgaben), die
- Qualität (Ihrer Aufgabenerledigung) und die
- Kosten (Ihrer Aufgabenerledigung)

zueinander. Und spätestens, wenn Sie zusätzlich zu nicht vorhandenen Zielen auch keine expliziten Rahmenbedingungen zur Aufgabenerledigung von Ihrem Chef erhalten, sollten Sie mit ihm mindestens zweimal im Jahr ein Gespräch führen, inwiefern sich die Vorstellungen Ihrer Arbeitsgeschwindigkeit sowie der Qualität Ihrer Ergebnisse mit seinen Vorstellungen decken. Das gilt auch dann, wenn Sie zum Beispiel in agilen Teams arbeiten, selbst wenn Sie sich im Team hier auch regelmäßig bereits Feedbacks zu den genannten Parametern geben.

Sie sehen, ein Arbeiten ohne erkennbare Ziele ist letztlich richtungslos. Und daher auf Dauer unbefriedigend. Sie können aber nun etwas dagegen tun. Versuchen Sie es und Sie werden sehen, dass sich Ihre Situation schnell verbessern wird.

3.3 Fördern sie Ihren Chef

3.3.1 Erfolgsrezept 18: Fördern Sie seine *Performance*!

Hey Chef: Wenn Sie wollen,
werde ich Ihre Leistung verbessern!

Sie können Ihren Chef jeden Tag fördern, wenn Sie es wollen. Und Sie können es ihm in jedem persönlichen Termin auch mitteilen. Denn Sie sind nach der Lektüre des Kapitels 3.2 in der Lage, bei Ihren Forderungen auch immer den passenden Hinweis zu geben, warum Sie diese erheben und weshalb sie sich positiv auf die Performance des Chefs und des Teams auswirken werden.

Pauschale, unbegründete Forderungen hingegen machen keinen Sinn und führen beim Chef zu nichts. Sie sind aber in der Lage, Ihre Forderungen in den Kontext einer sich dadurch verbessernden Performance zu stellen. Sie werden schnell merken, dass auf diesem Wege die Aufmerksamkeit Ihres Chefs für Sie und Ihre Anliegen steigen werden. Überlegen Sie sich daher bei Forderungen an Ihren Chef immer gleichzeitig, auf welche Performance-Dimensionen die Erfüllung dieser Forderungen positiv einzahlen werden. Denn was immer Sie von Ihrem Chef fordern; es sollte sich positiv auf eine oder mehrere der nachfolgend genannten Performance-Dimensionen auswirken:

– objektive und subjektive Performance,

– absolute und relative Performance,

– Ist- und Potenzialperformance,

– Einzel- und Gruppenperformance.

Schauen wir uns die vier Performance-Dimensionen einmal genauer an.

– Fördern Sie die objektive und subjektive Performance Ihres Chefs!

Überlegen Sie, wo Sie die objektive oder subjektive Leistung Ihres Chefs verbessern können. Die objektive Performance Ihres Chefs ist – wie der Name schon sagt – objektiv zu messen. Nervt Sie beispielsweise das langsame Entscheidungsverhalten Ihres Chefs und Sie erkennen, dass Sie mit seiner beschleunigten Freigabe bestimmter Bestellungen im Unternehmen

5% der jährlichen Bestellkosten sparen können, so sind Sie in der Lage, direkt die objektive Performance Ihres Chefs zu fördern. Teilen Sie ihm nämlich mit, dass er auf der Grundlage des vorhandenen Bestellvolumens einen bestimmten Betrag allein mit seiner Entscheidungsgeschwindigkeit – hier: der beschleunigten Freigabe der Bestellungen – einsparen kann, so wird er vermutlich spätestens an diesem Punkt ‚aufwachen'. So einfach unser Beispiel hier wieder ist und so klar der Nutzen auf der Hand liegt: Glauben Sie mir, es wird von den Mitarbeitern in den seltensten Fällen aktiv eine Forderung an den Chef – hier schnellere Freigabe der Bestellung – mit dem unmittelbaren Nutzen – hier Einsparungsvolumen in Höhe von 5% der jährlichen Bestellkosten – verknüpft. Versuchen Sie es: Wenn Sie mit einer Forderung eine unmittelbare, objektive Performanceverbesserung nachweisen können, geht die Forderung mit hoher Wahrscheinlichkeit beim Chef sofort durch. In unserem Beispiel würde Ihrer Forderung nach schnelleren Entscheidungen (siehe Kapitel 3.2.2) eine objektive Performanceverbesserung folgen. Überlegen Sie: Wo und wie können Sie die objektive Performance Ihres Chefs steigern, wenn er einer Ihrer Forderungen (siehe Kapitel 3.2) nachkommt?

Bei der subjektiven Performancesteigerung ist es nicht so leicht mit der Überzeugung des Chefs, denn sie reflektiert seine ‚subjektiv empfundene Leistung' im Unternehmen. Stellen wir uns vor, Sie fordern vom Chef einen regelmäßigeren und ausführlicheren Informationsaustausch mit Ihnen über die wichtigsten Themen, die ihn und die Unternehmensleitung aktuell beschäftigen. Begründen Sie Ihre Forderung nach mehr relevanten Informationen aus dem Unternehmen damit, dass nur, wenn sie informatorisch ‚auf Ballhöhe' sind, Sie Ihrerseits Ihren Chef bestmöglich mit relevanten Informationen versorgen können. Schauen wir uns dazu wieder ein aktuelles Beispiel an: Ihr Unternehmen wie auch Ihr Bereich beklagen eine zu hohe Mitarbeiterfluktuation. Für Sie wären in diesem Kontext beispielsweise Antworten Ihres Chefs auf die folgenden Fragen wichtig: „Wie schätzt die Unternehmensführung diese negative Entwicklung ein? Mit welchen Maßnahmen will man dieser Entwicklung entgegenwirken?" Nur wenn Sie von Ihrem Chef aktiv auch in aktuelle, übergeordnete Themen einbezogen werden, können Sie ihn sukzessive in die Lage versetzen, seine subjektive Performance im Unternehmen zu steigern. Aber wie? Ist er beispielsweise in der Lage, gegenüber der Geschäftsleitung zum skizzierten Thema ‚ungewollte Fluktuation im Unternehmen' auch reflektiert die Sichtweisen seines Teams mit Blick auf die in der Führungsmannschaft diskutierten Gründe aufzuzeigen, so signalisiert er damit implizit ein hohes Maß an Führungskompetenz. Und ein Mehr an Führungskompetenz Ihres Chefs in der Wahrnehmung der Geschäftsleitung ist ein Mehr an subjektiver Performance Ihres Chefs. Nur diejenigen Chefs, die nah an ihrem Team dran sind, die ausgiebig kommunizieren, denen das Team vertraut und bei dem auch der Chef dem Team vertraut, werden offen und konstruktiv die Standpunkte austauschen. Daher gilt: Argumentieren Sie gegenüber Ihrem Chef auch immer mit seiner subjektiven Performancesteigerung – wie hier entlang dieses einfachen Beispiels aufgezeigt. In einer offenen und vertrauensvollen Führungsbeziehung entwickeln sich typischerweise die zunächst entstehenden positiven subjektiven Performanceeffekte schnell zu positiven objektiven Performanceeffekten weiter.

- Fördern Sie die absolute und relative Performance Ihres Chefs!

Sie können Ihre Forderungen auch jederzeit mit absoluten und relativen Performanceverbesserungen für Ihren Chef verknüpfen. Sollten Sie als Kundenservicemitarbeiter beispielsweise mehr zeitliche Freiheiten von Ihrem Chef fordern, die sich darin widerspiegeln, dass Sie freier entscheiden können, wann und wo Sie arbeiten, so könnten Sie das beispielsweise mit einer von Ihnen angestrebten und zu erwartenden, verbesserten Kundenbindung aufgrund Ihrer flexiblen, aufwandbasierten Verfügbarkeit für den Kunden begründen. In absoluten Performance-Kennzahlen ausgedrückt könnte das bedeuten, dass Sie beispielsweise daran glauben, auf diesem Weg innerhalb eines Jahres den sogenannten TRI:M-Index um drei Punkte – also absolut – zu steigern. Sie könnten auch argumentieren, dass Sie bei höheren Freiheitsgraden in der Aufgabenerledigung über die nächsten drei Jahre die Kundenzufriedenheit um jeweils fünf Prozentpunkte – also relativ – steigern. Wir klammern bei diesem Beispiel bewusst aus, dass die Rückführung einer gestiegenen Kundenbindung auf nur eine Maßnahme aufgrund der mannigfaltigen Einflussfaktoren sicherlich kritisch hinterfragt werden kann. Dennoch gilt ohne Einschränkung: Wenn Sie Ihre Forderungen an den Chef mit Perspektiven der absoluten und relativen Performanceverbesserung verknüpfen, werden Sie deutlich mehr Aufmerksamkeit beim Chef erzeugen als ohne diese Verknüpfung!

- Fördern Sie die Ist- und die Potenzial-Performance Ihres Chefs!

Die Ist-Performance Ihres Chefs zeigt seine Leistung im Hier und Jetzt. Seine Potenzial-Performance zeigt seine – aus heutiger Sicht – zukünftig mögliche Leistung. Wenn Sie beispielsweise als Servicemitarbeiter mehr Vertrauen von Ihrem Chef in Verbindung mit mehr Freiheiten im Kundenkontakt fordern, so könnten Sie mit Blick auf die objektiven Performance-Effekte wie folgt argumentieren: Sie werden aufgrund der zugestandenen Freiheiten eigenverantwortlich bis zu einem gewissen Betrag die Entscheidung über Kostenerstattungen bei Reklamationen treffen und auf diesem Wege bei insgesamt gleichen Gesamtkosten des Bereiches durch die besseren Einzelfallentscheidungen sofort eine messbar höhere Kundenzufriedenheit im Kundenservice erreichen. Die Ist-Performance des Bereiches

Kundenservice und damit Ihres gesamtverantwortlichen Chefs wird im Hier und Jetzt besser (Ist-Performance). Ein besserer Kundenservice wird sich aber bei gleichbleibend guten Produkten zumindest mittelfristig auch positiv auf die Absatzzahlen des Produktes auswirken. Denn je performanter Sie sich gegenüber Kunden im Service zeigen, umso größer wird das Potenzial, die zukünftige Performance im Absatz damit positiv zu beeinflussen (Potenzial-Performance). Und das fällt am Ende des Tages auch auf Ihren Chef zurück, erst recht, wenn er dies entlang seiner heutigen Entscheidungen und der aus seiner Sicht damit korrespondierenden positiven Wirkungen im Unternehmen plausibel darlegen kann. Darüber hinaus kann man es dann im Zeitverlauf auch gut entlang der realen Zahlen belegen.

Bei der Ist- und Potenzial-Performance kommt es also ganz maßgeblich darauf an, den Chef dabei zu unterstützen, eine glaubwürdige Kausalkette aus heutiger Handlung und positiven morgigen Effekten darstellen zu können. Und zwar gemeinsam mit den Mitarbeitern, denn sonst verkommen solche Erzählungen schnell zu ‚Business-Anekdoten', an die keiner ernsthaft glaubt! Diskutieren Sie daher bitte auch mit Ihrem Chef und bieten ihm Perspektiven an, zu was heutige Entscheidungen aktuell und in der Zukunft führen können. Und sollten Sie sich fragen: „Ist das nicht die originäre Aufgabe meines Chefs?", so lautet die Antwort darauf: „Stimmt, eigentlich schon." Doch bitte bedenken Sie: Viele Chefs benötigen einen solchen Impuls. Versuchen Sie es – und seien Sie mutig! Es lohnt sich! Sie werden sehen!

– Fördern Sie die Einzel- und die Gruppen-Performance Ihres Chefs!

Stellen Sie sich die folgende Situation vor: Einem im Unternehmen allseits anerkannten, leistungsfähigen Chef wird die Leitung einer Abteilung mit einer insgesamt sehr niedrigen Teamleistung übertragen. Die (Einzel-) Performance des Chefs und die (Gruppen-)Performance des Teams klaffen hier also zum Beginn der Zusammenarbeit weit auseinander. Ein guter Chef wird sehr schnell mit dem Team sprechen und gemeinsam erörtern, welche Gründe das Team für die schlechte Gruppenperformance selbst sieht. Nehmen wir an, das Team würde sich wie folgt äußern: „Wir hatten in den letzten zwei Jahren völlig unrealistische Ziele, die schlichtweg unerreichbar waren. Unser Scheitern stand schon mit der Verabschiedung der Zielvorgaben fest. Dazu kam, dass wir im Tagesgeschäft keine zeitliche Flexibilität hatten, um auch mal Ideen und kreative Vorschläge auszuprobieren. Diese Freiräume wären aber dringend nötig gewesen, um unsere Performance zu steigern. Bedauerlicherweise haben wir uns die zeitlichen Freiräume dafür auch nicht selbst nehmen können, weil wir im Tagesgeschäft zu intensiv eingebunden waren, denn wir jagten ja den Zielen nach.

Unser damaliger Chef war nicht gesprächsbereit, gemeinsam mit uns nach einer Lösung zu suchen, um aus diesem Dilemma herauszukommen. Nach einiger Zeit hatten wir dann auch immer weniger Lust, uns für die Themen ins Zeug zu legen. Wir haben irgendwann aufgegeben, den unrealistischen Vorgaben hinterherzurennen und haben stattdessen dann ‚Dienst nach Vorschrift' gemacht".

Gute Chefs sind sehr dankbar für solch ein offenes Feedback aus dem Team. Denn auf dieser Grundlage kann man Betroffene zu Handelnden machen. In unserem Beispiel macht der neue Chef Folgendes: Er beschließt gemeinsam mit dem Team, dass man in Arbeitsgruppen ab sofort jeden Freitag zwischen 10 und 12 Uhr Kreativitätsworkshops zur Ideenfindung von Verbesserungspotenzialen durchführt und die ersten Ergebnisse zur Verbesserung der Gruppenperformance bereits nach vier Wochen in der Gesamtgruppe vorstellt und diskutiert. Der Chef spricht der Mannschaft sein Vertrauen aus, mit ersten brauchbaren Vorschlägen aus den Workshops zu kommen und sagt im Bedarfsfall seine Mitarbeit in einzelnen Workshops zu. Zudem versichert er dem Team, dass ab sofort die Zielvereinbarungen mit jedem Mitarbeiter besprochen und nicht mehr über die Köpfe des Teams hinweg vorgegeben werden. Ziele sollen sehr ambitioniert, müssen aber auch erreichbar sein. Genau darum wird es ab sofort gehen. Jeder im Team erhält die Freiheit, kreative Ideen zur Lösungsfindung vorzutragen. Zeit ist immer knapp, aber ein Mindestmaß an Qualität in den Ideen erfordert auch ein realistisches Maß an verfügbarer Zeit, diese Ideen zu entwickeln und später umzusetzen. Dieses Versprechen gibt der neue Chef ab.

Was glauben Sie nun, was passieren wird? Mit hoher Wahrscheinlichkeit wird in unserem Beispiel das Team nach vier Wochen gute erste Ideen zur Verbesserung der Gruppenperformance vorstellen. Der Chef ist so nach kurzer Zeit in der Lage, im Unternehmen die ‚neue Leistungsfähigkeit' seines Teams zu thematisieren und auch mit ersten Fakten zu untermauern. Glauben Sie mir, es fällt im Unternehmen auf, wenn die Mannschaft gemeinsam mit dem Chef die Verbesserung der Gruppenperformance anstrebt, wenn der Vorgesetzte und das Team eine Einheit sind, die gemeinsam etwas erreichen wollen und können. „Ja gut" werden Sie vielleicht sagen, was aber mache ich mit meinem Chef, der leider genau das Beschriebene nicht tut? Sondern sich nur selbst optimiert. Nun, dann schlagen Sie ihm vor, es doch mal anders zu machen. So, wie wir es gerade beschrieben haben. Beschreiben Sie ihm, welche positiven Effekte es bei Ihnen auslösen würde, wenn Sie hier als Team aktiver einbezogen würden. Und welche negativen Effekte es hat, Ziele einfach über den Zaun geworfen zu bekommen, zudem noch unerreichbare, völlig unrealistische. Beschreiben Sie ihm, was Sie bisher vermisst haben. Beschreiben Sie ihm, zu welchen positiven Effekten mehr Freiheiten, mehr Vertrauen, mehr Kommunikation, mehr Kreativität etc. auf die Gruppenperformance haben werden. Und seien Sie ruhig mutig: Lassen Sie sich auf ihre ‚Ankündigungen' festnageln. Es können nur positive Effekte eintreten, wenn sich Ihr Chef zum Mitglied der Gruppe entwickelt und seine Aktivitäten von der ausschließlichen Optimierung seiner Einzelperformance auf das Ermöglichen bester Gruppenperformance lenkt. Führungskräfte werden insbesondere für die Steigerung der Gruppenperformance bezahlt. Dass diese auf einer guten Einzelperformance basiert, ist selbstredend. Aber es ist wie im Leistungssport: Das Team gewinnt! Nicht der Trainer! Nicht einzelne Spieler! Machen Sie das Ihrem Chef klar und liefern Sie Ihren Beitrag, um zu zeigen, dass sich positive Gruppenperformance-Effekte einstellen, wenn er sich auf Ihre Forderungen einlässt.

3.3.2 Erfolgsrezept 19: Fördern Sie sein *Ansehen*!

Hey Chef: Wenn Sie es zulassen,
werde ich Ihr Ansehen verbessern!

Mit der Förderung der Performance Ihres Chefs (siehe Kapitel 3.3.1) zahlen Sie auch auf ein positives Bild seines Ansehens, seines Images, ein. Das Image Ihres Chefs wird darüber hinaus aber auch von dem geprägt, was man im Unternehmen insgesamt über ihn wahrnimmt. Denn auch jenseits der objektiv erzielten Ergebnisse wird sein Image in der Belegschaft auch von den Äußerungen über ihn an der berühmten Kaffeemaschine, beim Mittagessen, in Projektteams etc. geprägt. Das sollten Sie wissen. Und das sollte auch Ihr Chef wissen. Dauerhafter Erfolg ist für Führungskräfte und ihre Mitarbeiter in Unternehmen ohne ein entsprechendes Image nur schwer möglich.

Was können Sie also tun, um das Image des Chefs zu stärken? Nun, es ist eigentlich ganz einfach: Je mehr positive Veränderungen Sie zukünftig entlang der bisher beschriebenen Erfolgsfaktoren bei Ihrem Chef wahrnehmen, umso offensiver können Sie ihre Zufriedenheit darüber auch zum Ausdruck bringen. Damit wir uns auch diesbezüglich nicht missverstehen: Es geht nicht darum, im Unternehmen ein ‚imagebildendes Schauspiel' zugunsten des Chefs aufzuführen. Vielmehr sollen Sie sich über Ihre imagebildende Wirkung im Klaren sein, wenn Sie bei positiven Veränderungen Ihres Chefs im Unternehmen positiv darüber sprechen. Häufig werden die Defizite in der Zusammenarbeit – befeuert von der eigenen Unzufriedenheit – im Kollegenkreis breit gestreut. Läuft es hingegen gut, wird es häufig schweigend hingenommen. Verbessert sich beispielsweise die Kommunikation Ihres Chefs im Team, so sollten Sie Ihrerseits nicht hinter dem Berg halten, dass Sie die positiven Veränderungen in Ihrem Bereich wahrnehmen und dort auch die Rolle des Chefs positiv erwähnen. Denn es gilt: Ein positives Image ist für die generelle Akzeptanz Ihres Chefs im Unternehmen hilfreich. Und ein akzeptierter Chef ist auch für die Durchsetzung Ihrer persönlichen Interessen im Unternehmen von Vorteil. Er zieht beispielsweise leistungsfähige Mitarbeiter an.

Ein Chef mit dem Image eines Leistungsträgers, der viel verlangt und sehr ambitionierte, aber eben keine unrealistischen Ziele setzt, der den Kollegen mit Vertrauen begegnet und ihnen Freiheiten in der Arbeitserledigung gibt, übt eine viel größere Anziehungskraft auf Leistungsträger aus als diejenigen Führungskräfte, die sich entlang der in diesem Buch vorgestellten Erfolgsrezepte keinen Zentimeter bewegen. Sollte sich daher Ihr Chef auf der Grundlage Ihrer angewendeten Erfolgsrezepte in Ihrem Sinne verändern – und er wird sich verändern –, so steigern Sie bitte mittels positiver Kommunikation im Gegenzug sein Image. So entsteht eine Win-win-Situation. Sie können ihn das auch wissen lassen, indem Sie ihm bei passender Gelegenheit mitteilen, dass Sie beispielsweise im Kollegenkreis von seiner offenen Kommunikation berichten. Oder vom Vertrauensvorschuss, den Sie spüren und den Freiheiten, die Sie bei der Aufgabenerledigung haben und die sie sehr motivieren, Bestleistungen zu erbringen. So merkt Ihr Chef auch, dass sein Verhalten bei seinem Team Wirkung zeigt. Und Ihr Chef wird spätestens dann erkennen, dass sein Image zu seiner ‚virtuellen Visitenkarte' im Unternehmen wird. Nicht selten werden in Unternehmen Führungspositionen auf der Grundlage solcher Visitenkarten besetzt, erst recht, wenn sich Bewerber in der objektiven Performance nicht erkennbar unterscheiden. Das Ansehen des Chefs ist daher kein nachrangiges Phänomen im Unternehmen, welches man weder beeinflussen noch gestalten kann, sondern ein nicht zu unterschätzender ‚weicher Faktor', der schon so manche Karriere beflügelt oder auch gebremst hat.

3.3.3 Erfolgsrezept 20: Fördern Sie seine *Karriere*!

Hey Chef: Wenn Sie wollen,
kann ich Ihre Karriere beschleunigen!

Ja, Sie lesen richtig! Sie können die Karriere Ihres Chefs beschleunigen. Oder auch verlangsamen. Aber wie?

Wenn Sie die Leistung Ihres Chefs fördern (siehe Kapitel 3.3.1) und auch Ihren Beitrag für ein positives Image von ihm leisten (siehe Kapitel 3.3.2), dann kann das wie ein ‚Karriere-Turbo' wirken. Denn erfolgreiche Karrieren entstehen letztendlich immer entlang der zwei nachfolgenden Fragen bezüglich der Kandidaten:

- Welche Performance hat der Kandidat bisher erbracht?
- Wie ist das Image, der Ruf, die Reputation des Kandidaten?

Nicht selten reicht sogar ein gutes Image aus, um in Unternehmen Karriere zu machen. Und die Belegschaft fragt sich dann, wie sowas bei der unzureichenden objektiven Performance des Beförderten passieren konnte. Sie sehen daran: Das (subjektive) Image überstrahlt manchmal die (objektive) Leistung! So ist das, wenn Menschen entscheiden. Wichtig ist, dass Sie und Ihr Chef es wissen.

Wenn wir den Gedanken noch ein bisschen weiterspinnen, so kann ein möglicher Karriere-Sprung Ihres Chefs auch der Startpunkt Ihres Karrieresprungs sein, denn nicht selten werden Stellen aus den eigenen Reihen nachbesetzt. Das heißt: Wenn Sie die Karriere Ihres Chefs fördern, beflügeln Sie gegebenenfalls auch Ihre eigene Karriere. Interessanter Gedanke, nicht wahr?

Aber vielleicht denken Sie: „Ich bin gar nicht an Karrieresprüngen interessiert! Ich bin sehr zufrieden, wenn ich in meinem Aufgabengebiet ein anerkannter Kollege bin – ein Mehr an Verantwortung will ich gar nicht?" Kein Problem, denn wir sprechen hier ja nur über mögliche Chancen für Ihre Karriere, die sich aus Ihrer Förderung der Karriere des Chefs ergeben können. Nicht ergeben müssen. Aber selbst dann, wenn Sie selbst nicht Chef werden wollen, so erhalten Sie vielleicht vom neuen Chef mehr Freiheiten zur kreativen Bearbeitung Ihrer Aufgaben, mehr Vertrauen, mehr Entscheidungsfreiheiten und so weiter.

Aber was ist, wenn all das nicht passiert? Und Sie sich vielleicht fragen, wo genau Sie denn jetzt bei Ihrem Chef ansetzen sollen?

Spätestens dann lege ich Ihnen den nachfolgenden 5-Minuten-Check ans Herz (Kapitel 4.2). Bei diesem Check beantworten Sie 25 Fragen zu Ihrem Chef. Daraus leiten Sie Ihren persönlichen 5-Minuten-Plan (Kapitel 4.3) ab, mit dem Sie ab sofort genau an den Punkten ansetzen, die Sie bei Ihrem Chef nerven. Es geht dabei ausdrücklich nicht darum, zeitraubende Analysen durchzuführen und daraus komplexe Maßnahmen abzuleiten. Vielmehr tragen Sie die Lösungen zum Umgang mit Ihrem Chef bereits in sich – es geht darum, diese in Ihr Bewusstsein zu rufen und strukturiert zutage zu fördern. Versuchen Sie es doch gleich mal! Sie werden sehen, wie schnell Sie konkrete Ansatzpunkte erkennen werden.

4. So gehen Sie ab sofort mit nervigen Chefs um

4.1 Sie sind am Zug!

Wie Sie inzwischen wissen: Wenn Ihr Chef nervt, können Sie selbst etwas dagegen tun. Und zwar etwas Konstruktives. Etwas, das Ihnen hilft, das die Zusammenarbeit zwischen Ihnen und Ihrem Chef verbessert. Sie werden ihren Chef sicherlich nicht über Nacht verändern können. Aber Sie können ab sofort auf der Grundlage der bisherigen Erfolgsfaktoren, die Sie in diesem Buch kennengelernt haben, zwei konkrete Schritte gehen, um Ihre Situation schnell zu verbessern:

Ihr persönlicher 5-Minuten-Check

Machen Sie zunächst ihren persönlichen 5-Minuten-Check und ermitteln Sie die konkreten Felder in der Zusammenarbeit mit Ihrem Chef, die Sie persönlich besonders nerven! Beantworten Sie dazu die 25 Fragen des beigefügten Fragebogens (siehe Abbildung 2) – ganz individuell und auf der Grundlage Ihrer Erfahrungen mit Ihrem Chef. Sie werden sehen, dass es einen interessanten Effekt haben wird: Sie werden vor sich selbst Farbe bekennen, Sie werden sich selbst die Frage beantworten, was Sie konkret an Ihrem Chef nervt und stört. Und was auch nicht. Das wird Sie in die Lage versetzen, sich im darauffolgenden Schritt sehr fokussiert auf die Punkte zu konzentrieren, die Ihnen besonders wichtig sind, die Sie wirklich angehen wollen, bei denen Sie konkret ansetzen wollen im Umgang mit Ihrem Chef.

Ihr persönlicher 5-Minuten-Plan

Danach übertragen Sie aus dem 5-Minuten-Check die drei für Sie nervigsten Punkte in der Zusammenarbeit mit Ihrem Chef in Ihren persönlichen 5-Minuten-Plan. In diesem Plan halten Sie fest, wie Sie den nervigsten Eigenschaften Ihres Chefs ab sofort begegnen wollen. Dies versetzt Sie in die Lage, sich selbst in die Pflicht zu nehmen, lösungsorientiert ab sofort Dinge anders zu machen, die in Ihrem Einflussbereich liegen. Während andere noch über die Defizite Ihrer Chefs lamentieren, schlüpfen Sie in eine aktive, gestaltende Rolle, anstatt destruktiv in der Opferrolle zu verharren.

In den nachfolgenden Kapiteln schauen wir uns daher drei aufeinanderfolgende Prozessschritte an, mit deren Hilfe Sie ab sofort mit Ihrem nervigen Chef anders umgehen können als in der Vergangenheit (siehe Abbildung 1):

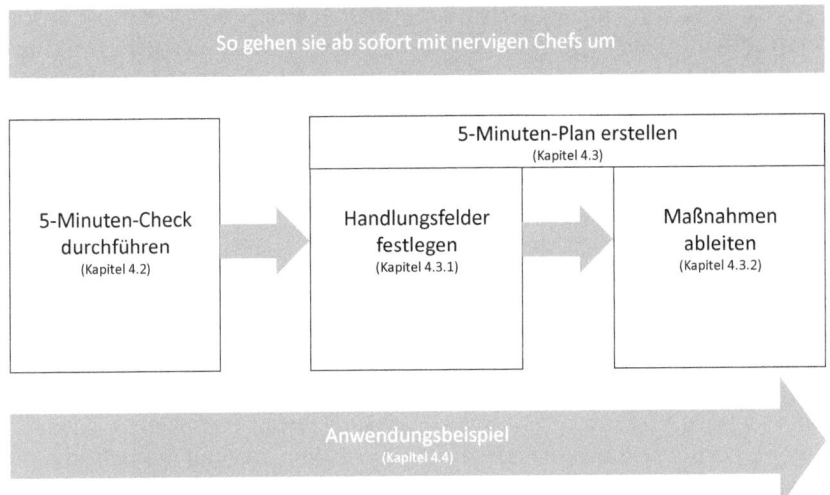

Abbildung 1: So gehen Sie ab sofort mit nervigen Chefs um

- Im ersten Schritt lernen Sie Ihren persönlichen 5-Minuten-Check kennen, mit dem Sie alle Handlungsfelder lokalisieren, die Sie in der Zusammenarbeit mit Ihrem Chef nerven (Kapitel 4.2).
- Im zweiten Schritt leiten Sie daraus maximal drei Handlungsfelder ab, die Sie ab sofort angehen wollen und deshalb in Ihren 5-Minuten-Plan übernehmen (Kapitel 4.3.1).
- Im dritten und letzten Schritt leiten Sie dann gezielte Maßnahmen ab, wie Sie ab sofort mit Ihrem nervigen Chef umgehen wollen (Kapitel 4.3.2).

Anhand der Beschreibung eines fiktiven Chefs werden wir im Kapitel 4.4 die drei Prozessschritte einmal gemeinsam durchlaufen, was Ihnen die Möglichkeit eröffnet, die Anwendung des Prozesses entlang eines Beispiels nachzuvollziehen.

4.2 Ihr persönlicher 5-Minuten-Check

Das Gefühl, von jemandem genervt zu sein, kumuliert im Laufe der Zeit zu einem ganzheitlichen Gefühl. Es ist dann kein Gefühl mehr, aus dem Sie rückblickend die konkreten Gründe oder Treiber Ihrer Ablehnung differenziert rückverfolgen können, sondern vielmehr eines, das ganzheitlich da ist und oft alles überstrahlt. Sie sollten jedoch den einzelnen Gründen Ihres ‚Genervt seins' auf die Spur kommen, um später zielgerichtet etwas gegen die Treiber unternehmen zu können.

Genau hier setzt ihr persönlicher 5-Minuten-Check an. Nehmen Sie sich einen Stift zur Hand und füllen den 5-Minuten-Check aus (siehe auch Kapitel 5 ‚Ihr Workbook'). Länger dauert es nicht! Überlegen Sie nur kurz und kreuzen Sie spontan die richtige Antwort an. Sie werden überrascht sein, was Sie von sich selbst über Ihren Chef erfahren!

Dazu müssen Sie lediglich die 25 Aussagen zu Ihrem Chef mit ‚ja' oder ‚nein' beantworten. Sie werden danach merken, dass Sie ein besseres Verständnis für die Gründe Ihres Unwohlseins gegenüber Ihrem Chef entwickeln. Und nur dann, wenn Sie die Gründe erkennen, können Sie auch aktiv etwas dagegen tun.

Sobald Sie ihre Kreuze gemacht haben und einen Blick auf Ihre Ergebnisse werfen, können wir diese interpretieren. Sollten sich beispielsweise Antworten zu bestimmten Einzelkompetenzen Ihres Chefs häufen, so lassen sich daraus schnell Defizite bei Kompetenzfeldern ableiten (zu den Kompetenzfeldern und den dazugehörenden Einzelkompetenzen siehe Abbildung 2).

Zu Ihren Antworten im Einzelnen:

– Antworten zu den Aussagen Nr. 1–3 (siehe Abbildung 2) – Themenkompetenz Ihres Chefs

Sollten Sie bei diesen Aussagen mit ‚ja' geantwortet haben, so hat Ihr Chef in Ihren Augen ein Themenkompetenz-Problem! Er zeigt im Einzelnen Defizite in seiner Fach-, Methoden- und/oder Branchenkompetenz. In der digitalen Transformation von Unternehmen, Märkten und Branchen reicht es für Chefs längst nicht mehr aus, nur über eine gute Fachkompetenz zu verfügen, auch wenn diese über Jahrzehnte das Hauptkriterium bei der Besetzung solcher Stellen war. Das nervt Sie, weil heutzutage Vorgesetzte mehr denn je auch über breite Methoden- und tiefe Branchenkenntnisse verfügen müssen, wollen sie den immer differenzierteren Anforderungen an die Mitarbeiterführung gerecht werden.

– Antworten zu den Aussagen Nr. 4–9 (siehe Abbildung 2) – Sozialkompetenz Ihres Chefs

Sollten Sie hier mit ‚ja' geantwortet haben, so hat Ihr Chef in Ihren Augen ein Sozialkompetenzproblem. Das heißt, es fällt ihm schwer, sich in Gruppen zu bewegen, er eckt häufiger bei anderen Menschen an, es entstehen immer wieder Probleme in der Zusammenarbeit mit anderen. Auch mit Ihnen. Und das nervt Sie.

– Antworten zu den Aussagen Nr. 10–16 (siehe Abbildung 2) – Handlungskompetenz Ihres Chefs

Wenn Sie hier mit ‚ja' geantwortet haben, so hat Ihr Chef in Ihren Augen ein Handlungskompetenzproblem. Oder salopp gesagt: Er bekommt nichts

4.2 Ihr persönlicher 5-Minuten-Check

Nr.	Kompetenz-feld	Das nervt mich an meinem Chef	Antwort ja	Antwort nein
1	Themen-kompetenz	Mich nervt die mangelnde Fachkompetenz meines Chefs		
2		Mich nervt die mangelnde Methodenkompetenz meines Chefs		
3		Mich nervt die mangelnde Branchenkompetenz meines Chefs		
4	Sozial-kompetenz	Mich nervt die mangelnde Verständnisbereitschaft meines Chefs		
5		Mich nervt die mangelnde Kooperationsfähigkeit meines Chefs		
6		Mich nervt die mangelnde Integrationsfähigkeit meines Chefs		
7		Mich nervt die mangelnde Konfliktfähigkeit meines Chefs		
8		Mich nervt die mangelnde Kontaktfähigkeit meines Chefs		
9		Mich nervt die mangelnde Empathie meines Chefs		
10	Handlungs-kompetenz	Mich nervt der mangelnde Gestaltungswille meines Chefs		
11		Mich nervt die mangelnde Ergebnisorientierung meines Chefs		
12		Mich nervt die mangelnde Entscheidungsfreudigkeit meines Chefs		
13		Mich nervt die mangelnde Mobilität meines Chefs		
14		Mich nervt die mangelnde Tatkraft meines Chefs		
15		Mich nervt die mangelnde Belastbarkeit meines Chefs		
16		Mich nervt die mangelnde Risikotoleranz meines Chefs		
17	Personale Kompetenz	Mich nervt die mangelnde Zuverlässigkeit meines Chefs		
18		Mich nervt die mangelnde Loyalität meines Chefs		
19		Mich nervt die mangelnde Einsatzbereitschaft meines Chefs		
20		Mich nervt die mangelnde Lernbereitschaft meines Chefs		
21		Mich nervt die mangelnde Hilfsbereitschaft meines Chefs		
22		Mich nervt die mangelnde Veränderungsbereitschaft meines Chefs		
23		Mich nervt die mangelnde Selbstwahrnehmung meines Chefs		
24	Motivation	Mich nervt die mangelnde Motivation meines Chefs		
25	Erwartungen	Mich nerven die unrealistischen Erwartungen meines Chefs		

Abbildung 2: Mein persönlicher 5-Minuten-Check

auf die Kette. Er setzt nicht um. Er agiert nicht, sondern reagiert bestenfalls. Er gestaltet nicht, sondern verwaltet. Und damit haben Sie ein Problem.

– Antworten zu den Aussagen Nr. 17–23 (siehe Abbildung 2) – Personale Kompetenz Ihres Chefs

Sollten Sie bei diesen Aussagen mit ‚ja' geantwortet haben, so hat Ihr Chef ein personales Kompetenzproblem. Es nerven Sie seine Eigenschaften, die ihn als Person ausmachen. Sie stören sich beispielsweise an seiner mangelnden Loyalität oder sind von seiner mangelhaften Zuverlässigkeit genervt. Denken Sie auch an diesen Stellen darüber nach, was Sie persönlich dagegen tun können. Selbst! Aktiv! Ohne den Chef zu kompromittieren! Zugegebenermaßen ist es in diesen Themenfeldern besonders herausfordernd für Sie, entgegenzuwirken. Häufig bleibt nur das offene, vertrauensvolle Feedback, zum Beispiel bei einem Jahresgespräch, einer persönlichen Feedbackrunde oder dergleichen.

– Antwort zur Aussage Nr. 24 (siehe Abbildung 2) – Motivation Ihres Chefs

Sollten Sie hier mit ‚ja' geantwortet haben, so nervt Sie offenkundig die Motivation Ihres Chefs. Kurzum: Er hat in Ihren Augen ein Motivationsproblem. Motivationsprobleme von Chefs können sich in verschiedenen Ausprägungen zeigen. Entweder hat Ihr Chef zu wenig oder gar keine Motivation, seiner Rolle als Führungskraft nachzukommen. Dann ist er passiv, desinteressiert, ihm ist scheinbar vieles egal. Er lässt die Dinge laufen – er führt nicht.

Er könnte demgegenüber aber auch übermotiviert sein. Dann kümmert er sich um alles, spricht überall mit, hängt sich in alle Themen persönlich rein, obwohl er besser sein Team machen lassen würde. Beide beschriebenen Extreme sind kontraproduktiv für Ihre Zufriedenheit mit ihm. Und beide Ausprägungen des Motivationsproblems Ihres Chefs nerven gleichermaßen – sowohl Sie als auch die anderen Mitarbeiter.

– Antwort zur Aussage Nr. 25 (s. Abbildung 2) – Erwartungen Ihres Chefs

Sollten Sie mit ‚ja' geantwortet haben, so nerven sie die unrealistischen Erwartungen Ihres Chefs. Es besteht ein Erwartungsproblem. Vermutlich hat Ihr Vorgesetzter unrealistische Erwartungen an Sie, an Ihre Leistungen, an die Schnelligkeit Ihrer Aufgabenerledigung, an die Qualität Ihrer Ergebnisse, an Ihre zeitliche Verfügbarkeit. Wenn Erwartungen an Mitarbeiter gestellt werden, die ganz offenkundig nicht erfüllt werden können, reagieren Mitarbeiter genervt und sind in der Regel auch schnell demotiviert.

Sind Sie jetzt nach der Beantwortung des 5-Minuten-Checks wirklich schlauer als vorher? Die Antwort ist: Ja! Bitte werfen Sie dazu einen ganzheitlichen Blick auf Ihre Ergebnisse:

– Sie sehen konkrete, einzelne Treiber für Ihr Unwohlsein in der Zusammenarbeit mit Ihrem Chef! (siehe Ihre ‚ja-Antworten' zu den 25 Aussagen)
– Sie sind in der Lage, bei einer Häufung der einzelnen Treiber abzuleiten, auf welchen Kompetenzfeldern Ihr Chef besonders gravierende Defizite aufweist.

Diese Erkenntnisse versetzen Sie nun in die Lage, Ihren ganz persönlichen 5-Minuten-Plan abzuleiten, den wir uns jetzt nachfolgend ansehen werden.

4.3 Ihr persönlicher 5-Minuten-Plan

4.3.1 Handlungsfelder festlegen!

Aus dem 5-Minuten-Check liegen Ihnen Ihre 25 Aussagen zu Ihrem Chef vor (siehe Kapitel 4.2 und gegebenenfalls Ihr ausgefülltes Workbook im Kapitel 5). Dort wo Sie mit ‚ja' geantwortet haben, nervt Sie Ihr Chef. Aus diesen Feldern priorisieren Sie nun maximal drei Felder, die Sie ab sofort aktiv bearbeiten werden. Die Begrenzung auf maximal drei Handlungsfelder hilft Ihnen, sich bei ihren Aktivitäten nicht zu verzetteln.

Bevor Sie Ihre Handlungsfelder festlegen, machen wir uns Folgendes noch einmal klar:

- Dort, wo Sie im 5-Minuten-Check mit ‚nein' geantwortet haben, sind Sie mit Ihrem Vorgesetzten zufrieden. Es sind positive Eigenschaften Ihres Vorgesetzten. Diese erfreulichen Eigenschaften werden jedoch nicht selten von den nervenden Eigenschaften derart überlagert, dass sie im Tagesgeschäft von Ihnen gar nicht mehr wahrgenommen werden. Ihre ‚nein-Antworten' eröffnen Ihnen jedoch die Chance, sich bewusst zu machen, was Sie an Ihrem Chef schätzen sollten. Auch wenn es Ihnen erstmal schwerfallen könnte. Denn eines ist klar: Auch beim nervigsten Chef findet man immer Eigenschaften, die man wertschätzen kann.

- Schauen Sie, ob es auffällige Häufungen von ‚ja-Antworten' in einem Kompetenzfeld Ihres Chefs gibt: Sollten sich ‚ja-Antworten' auf ein Kompetenzfeld konzentrieren, so fokussieren Sie sich in Ihrem 5-Minuten-Plan bitte auf dieses Feld.

Mein persönlicher 5-Minuten Plan	
Nr.	Handlungsfelder	Maßnahmen
1		
2		
3		

Abbildung 3: Mein persönlicher 5-Minuten-Plan – Handlungsfelder festlegen

– Sollte keine auffällige Häufung von ‚ja-Antworten' in einem Kompetenzfeld vorliegen, so sind Sie aufgrund einzelner Defizite aus mehreren Kompetenzfeldern Ihres Chefs genervt. Fokussieren Sie sich in diesem Fall auf die drei (Einzel-)Themen, die Sie am meisten stören.

4.3.2 Maßnahmen ableiten!

Nachdem Sie aus Ihrem 5-Minuten-Check (siehe Abbildung 2) maximal drei Handlungsfelder übernommen haben (siehe Abbildung 3), legen Sie Maßnahmen fest, was Sie tun wollen (siehe Abbildung 4).

Bei der Festlegung der Maßnahmen sind Sie völlig frei. Bitte fragen Sie sich lediglich: Was können Sie selbst tun, damit Sie Ihr Chef auf den von Ihnen ausgewählten Handlungsfeldern nicht weiter nervt. Dabei sollten Sie Folgendes berücksichtigen:

– Ihre Maßnahmen sollten kooperativ und nicht konfrontativ angelegt sein. Es geht hier ausdrücklich nicht darum, es dem Chef ‚heimzuzahlen' oder anderweitig destruktive Ziele zu verfolgen.

– Ihre Maßnahmen sollten nicht zu kompliziert oder zu komplex sein. Nehmen Sie sich einfache Maßnahmen vor, die Sie problemlos umsetzen können und wollen.

– Ihre Maßnahmen sollten inhaltlich auch wirklich ‚ihre Maßnahmen' sein. Es geht nur darum, was Sie zukünftig im Umgang mit Ihrem Chef anders machen wollen. Denn Sie werden auf Dauer nur diejenigen Maßnahmen umsetzen, die auch zu Ihnen passen, die Sie sich zutrauen und selbst für realistisch halten. Es bringt beispielsweise nichts, gutgemeinte Ratschläge von Kollegen aufzugreifen, an denen Sie zweifeln oder die Sie aus anderen Gründen für unpassend halten.

– Ihre Maßnahmen sollten personell ausschließlich Ihre Maßnahmen bleiben. Sie – und nur Sie – nehmen sich für die zukünftige Zusammenarbeit mit Ihrem Chef etwas vor. Ziel ist es nicht, eine Allianz an Gleichgesinnten hinter einem Thema zu versammeln, um dem Thema zum Beispiel ‚mehr Druck' zu verleihen.

Nr.	Handlungsfelder	Maßnahmen
1		
2		
3		

Abbildung 4: Mein persönlicher 5-Minuten-Plan – Maßnahmen ableiten

4.4 Ein Anwendungsbeispiel

Wir stellen wir uns einen fiktiven Chef vor, für den wir unseren 5-Minuten-Check exemplarisch ausfüllen und damit offenlegen, was genau uns an ihm nervt. Danach leiten wir aus den wichtigsten Handlungsfeldern unsere Maßnahmen ab, wie wir uns ab sofort gegenüber dem nervigen Chef verhalten wollen.

Darf ich vorstellen: Ihr Chef!

Ihr fiktiver Chef lässt sich wie folgt beschreiben: Er ist männlich und 39 Jahre alt. Sein Maschinenbaustudium hat er vor 13 Jahren mit der Note 1 und Auszeichnung abgeschlossen. Nach einigen Jahren bei einer internationalen Unternehmensberatung ist er vor sechs Jahren in Ihr Unternehmen eingetreten und seitdem bereits zweimal befördert worden. Heute berichtet er als ‚Vice President Produktion' direkt an den Vorstand. Er führt insgesamt 120 Mitarbeiter, acht davon direkt als disziplinarischer Vorgesetzter – einer davon sind Sie! Im Rahmen Ihrer Verantwortung leiten Sie unter anderem ein wichtiges Projekt zur Optimierung der Produktionskosten.

Ihr Chef ist motiviert und hat sehr hohe Erwartungen an sein Umfeld. Er selbst nimmt das aber gar nicht so wahr. So erkennt er beispielsweise nicht, dass seine dauerhaft sehr hohen Erwartungen an Sie und das Team nicht immer und überall realistisch erfüllt werden können. Denn er sieht nur die nächste Aufgabe, die aktuelle Eskalation, die nächste Ergebnispräsentation. Ein längerfristiges Priorisieren von Aufgaben liegt ihm nicht. Aktuell erwartet er von Ihnen, Ihren bereits vor Monaten gebuchten Urlaub aufgrund der in diesem Zeitraum spontan angesetzten Vorstandssitzung, bei der die laufenden Projekte ihren aktuellen Status vorstellen sollen, abzusagen. Er wünscht, dass Sie persönlich am Meeting teilnehmen. Sie verfügen im Projekt aber über einen leistungsfähigen Vertreter und haben darüber hinaus auch bereits Bereitschaft signalisiert, bei Fragen im Meeting telefonisch im Urlaub erreichbar zu sein. Dennoch pocht Ihr Chef auf Ihre Teilnahme.

Ihnen wird anhand dieses Falles einmal mehr die mangelnde Selbstwahrnehmung des Chefs deutlich. Sie spüren, was es mit Ihnen macht, wenn er wie selbstverständlich die Verschiebung des Urlaubes mit aus Ihrer Sicht völlig überzogenen Gründen fordert. Sie haben das mit Verweis auf Ihre vielen Resturlaubstage, Ihre Urlaubsbedürftigkeit und die sehr gute Einarbeitung Ihres Vertreters bisher abgelehnt, fühlen sich aber schlecht dabei. Dennoch haben Sie eine Vermutung, warum Ihr Chef mit seiner Forderung Ihres Urlaubsverzichts überreagiert: Da er in dem auch für seine Reputation sehr wichtigen Projekt nicht über ausreichend eigene Fachkompetenz verfügt, ist er sehr vorsichtig, denn er will aufgrund der angespannten Budgetsituation im Unternehmen auf keinen Fall bei etwaigen Rückfragen negativ bei der Geschäftsleitung auffallen und selbst ins Kreuzverhör geraten. Das Risiko, ohne Ihre Anwesenheit seine fachlichen (Kompetenz-)Defizite offenzulegen und ohne Sie im Scheinwerflicht der Geschäftsleitung zu stehen, ist ihm offensichtlich zu hoch. Es fehlt ihm jedoch an Empathie zu erkennen, wie nötig Sie nach sieben Monaten im Projekt jetzt den Urlaub brauchen und wie sehr Sie sich auf die 14 Tage mit der Familie schon seit längerem freuen. Sie nervt sein Unverständnis für Ihre Bedürfnisse, stellen Sie doch im Projekt seit Projektstart Ihre persönlichen Ansprüche regelmäßig hinter den Anforderungen des Unternehmens an. Nach all den Monaten sind jetzt Sie auch mal dran. Sie erkennen keine Bereitschaft Ihres Vorgesetzten, Ihre persönlichen Interessen zu berücksichtigen. Zudem vermissen Sie ein Mindestmaß an Loyalität Ihres Chefs gegenüber Ihnen. Bei all der Leistungsorientierung, die Sie Monat für Monat zeigen und aktiv vorleben, eigentlich eine Selbstverständlichkeit, oder?

Ihr Chef hätte darauf hinwirken können, die bevorstehende Statuspräsentation in der Geschäftsleitung mit Verweis auf Ihren fest gebuchten und bereits vor Wochen genehmigten Urlaub um 14 Tage zu verschieben. Dies würde jedoch voraussetzen, dass sich Ihr Chef selbstreflektierend über seine eigene Zuverlässigkeit hinsichtlich der mit Ihnen getroffenen Absprachen im Klaren ist und auch ein Mindestmaß an Verständnis für Ihre persönlichen Bedürfnisse hat. Hat er aber nicht. Das enttäuscht Sie. Daran ändert auch nichts, dass Sie die Tatkraft, die Belastbarkeit und Einsatzbereitschaft Ihres Chefs grundsätzlich schätzen, ja sogar häufig davon im Tagesgeschäft profitieren.

4.4 Ein Anwendungsbeispiel

So sieht der 5-Minuten-Check Ihres Chefs aus

Nachfolgend sehen Sie den ausgefüllten 5-Minuten-Check – so könnte er für den oben beschriebenen Chef aussehen (siehe Abbildung 5). Er illustriert den oben beschriebenen Fall, aber bitte berücksichtigen Sie: Es kommt immer darauf an, dass das Ergebnis ihren persönlichen Eindruck widerspiegelt. Denn Ihre Sicht auf den Chef ist hier ausschlaggebend. Es kommt nur darauf an, was Sie nervt, womit Sie ein Problem haben. Deshalb gilt hier: Der nachfolgend ausgefüllte 5-Minuten-Check spiegelt exemplarisch den möglichen Eindruck von unserem fiktiven Chef wider. Es bleibt aber ein Beispiel – wichtiger ist, was Sie persönlich ausfüllen. Denn hätten Sie in unserem Beispiel den 5-Minuten-Check punktuell anders ausgefüllt, wäre das weder problematisch noch überraschend. Es ist sogar zu erwarten, denn jede individuelle Sicht auf einen Chef führt auch zu einer individuellen Beurteilung der Situation. Also sind Sie bitte nicht überrascht, wenn der 5-Minuten-Check von mehreren Mitarbeitern zum gleichen Chef unterschiedlich ausfällt. Das ist normal und bietet erst die Möglichkeit, genau an den Stellen anzusetzen, die Sie ganz persönlich beschäftigen.

Das exemplarisch dargestellte Ergebnis des 5-Minuten-Checks (siehe Abbildung 5) lässt die folgende, erste Interpretation zu:
- Der Chef nervt auf allen Kompetenzfeldern – denn in jedem Kompetenzfeld wurde mindestens einmal ‚ja' angekreuzt. Das heißt, Ihr Chef ruft bei Ihnen auf breiter Front Störgefühle hervor, in vielen Facetten seines Verhaltens:
  — Er nervt mit seiner mangelnden fachlichen Kompetenz (siehe ‚ja-Antworten' im Feld Themenkompetenz),
  — Er nervt als Mensch mit seinen persönlichen Eigenschaften (siehe ‚ja-Antworten' im Feld personale Kompetenz),
  — Es stört die Art und Weise, wie er sich gegenüber anderen Menschen verhält (siehe ‚ja-Antworten' im Feld Sozialkompetenz),
  — Es löst Störgefühle aus, wie er Dinge umsetzt, Aufgaben angeht und sie erledigt (siehe ‚ja-Antworten' im Feld Handlungskompetenz).

  Kurzum, der 5-Minuten-Check unseres fiktiven Chefs belegt im Einzelnen: Er ‚stinkt' uns aus allen Richtungen. Oder sachlicher formuliert: Er nervt auf allen Kompetenzfeldern.
- Der Chef nervt in knapp der Hälfte seiner betrachteten Eigenschaften, denn in unserem Beispiel wurde bei 12 von 25 Aussagen ‚ja' angekreuzt. Dieses Ergebnis zeigt, wie wichtig es ist, sich auf bestimmte Themen zu konzentrieren, um sich nicht zu verzetteln. Denn Sie müssen irgendwo konkret ansetzen und anfangen, wenn Sie die Situation mit Ihrem Chef verbessern wollen.

4. So gehen Sie ab sofort mit nervigen Chefs um

Mein persönlicher 5-Minuten Check				Beispiel
Nr.	Kompetenz-feld	Das nervt mich an meinem Chef	Antwort ja	Antwort nein
1	Themen-kompetenz	Mich nervt die mangelnde Fachkompetenz meines Chefs	x	
2		Mich nervt die mangelnde Methodenkompetenz meines Chefs		x
3		Mich nervt die mangelnde Branchenkompetenz meines Chefs		x
4	Sozial-kompetenz	Mich nervt die mangelnde Verständnisbereitschaft meines Chefs	x	
5		Mich nervt die mangelnde Kooperationsfähigkeit meines Chefs	x	
6		Mich nervt die mangelnde Integrationsfähigkeit meines Chefs		x
7		Mich nervt die mangelnde Konfliktfähigkeit meines Chefs		x
8		Mich nervt die mangelnde Kontaktfähigkeit meines Chefs	x	
9		Mich nervt die mangelnde Empathie meines Chefs	x	
10	Handlungs-kompetenz	Mich nervt der mangelnde Gestaltungswille meines Chefs	x	
11		Mich nervt die mangelnde Ergebnisorientierung meines Chefs		x
12		Mich nervt die mangelnde Entscheidungsfreudigkeit meines Chefs	x	
13		Mich nervt die mangelnde Mobilität meines Chefs		x
14		Mich nervt die mangelnde Tatkraft meines Chefs		x
15		Mich nervt die mangelnde Belastbarkeit meines Chefs		x
16		Mich nervt die mangelnde Risikotoleranz meines Chefs	x	
17	Personale Kompetenz	Mich nervt die mangelnde Zuverlässigkeit meines Chefs	x	
18		Mich nervt die mangelnde Loyalität meines Chefs	x	
19		Mich nervt die mangelnde Einsatzbereitschaft meines Chefs		x
20		Mich nervt die mangelnde Lernbereitschaft meines Chefs		x
21		Mich nervt die mangelnde Hilfsbereitschaft meines Chefs		x
22		Mich nervt die mangelnde Veränderungsbereitschaft meines Chefs		x
23		Mich nervt die mangelnde Selbstwahrnehmung meines Chefs	x	
24	Motivation	Mich nervt die mangelnde Motivation meines Chefs		x
25	Erwartungen	Mich nerven die unrealistischen Erwartungen meines Chefs	x	

Abbildung 5: Mein persönlicher 5-Minuten-Check – Beispiel

Aus den identifizierten 12 Feldern, auf denen uns der Chef nervt, greifen wir nun die drei Handlungsfelder heraus, bei denen wir ansetzen wollen. Auch hier gibt es keine allgemeingültige Regel für die Auswahl, sondern nur Ihren persönlichen Eindruck, wo Sie starten wollen: Zum Beispiel, weil Sie den größten Handlungsbedarf sehen, oder die größten Veränderungschancen erkennen. Warum auch immer, Sie müssen und sollen irgendwo anfangen. Und dieser Anfang, auf Ihren Chef einzuwirken, kann nur von Ihnen gestartet und gestaltet werden.

4.4 Ein Anwendungsbeispiel

Nr.	Kompetenz-feld	Das nervt mich an meinem Chef	Antwort ja	Antwort nein
		Mein persönlicher 5-Minuten Check		Beispiel
1	Themen-kompetenz	Mich nervt die mangelnde Fachkompetenz meines Chefs	x	
2		Mich nervt die mangelnde Methodenkompetenz meines Chefs		x
3		Mich nervt die mangelnde Branchenkompetenz meines Chefs		x
4	Sozial-kompetenz	Mich nervt die mangelnde Verständnisbereitschaft meines Chefs		x
5		Mich nervt die mangelnde Kooperationsfähigkeit meines Chefs		x
6		Mich nervt die mangelnde Integrationsfähigkeit meines Chefs		x
7		Mich nervt die mangelnde *Handlungsfelder* meines Chefs		x
8		Mich nervt die mangelnde Kontaktfähigkeit meines Chefs		x
9		Mich nervt die mangelnde Empathie meines Chefs		x
10	Handlungs-kompetenz	Mich nervt der mangelnde Gestaltungswille meines Chefs	x	
11		Mich nervt die mangelnde Ergebnisorientierung meines Chefs		x
12		Mich nervt die mangelnde Entscheidungsfreudigkeit meines Chefs	x	
13		Mich nervt die mangelnde Mobilität meines Chefs		x
14		Mich nervt die mangelnde Tatkraft meines Chefs		x
15		Mich nervt die mangelnde Belastbarkeit meines Chefs		x
16		Mich nervt die mangelnde Risikotoleranz meines Chefs	x	
17	Personale Kompetenz	Mich nervt die mangelnde Zuverlässigkeit meines Chefs	x	
18		Mich nervt die mangelnde Loyalität meines Chefs	x	
19		Mich nervt die mangelnde Einsatzbereitschaft meines Chefs		x
20		Mich nervt die mangelnde Lernbereitschaft meines Chefs		x
21		Mich nervt die mangelnde Hilfsbereitschaft meines Chefs		x
22		Mich nervt die mangelnde Veränderungsbereitschaft meines Chefs		x
23		Mich nervt die mangelnde Selbstwahrnehmung meines Chefs	x	
24	Motivation	Mich nervt die mangelnde Motivation meines Chefs		x
25	Erwartungen	Mich nerven die unrealistischen Erwartungen meines Chefs	x	

Abbildung 6: Mein persönlicher 5-Minuten-Check – Handlungsfelder

In unserem Beispiel (siehe Abbildung 6) werden die drei Handlungsfelder
– Fachkompetenz (siehe Aussage Nr. 1 in Abbildung 6),
– Gestaltungswille (siehe Aussage Nr. 10 in Abbildung 6),
– Entscheidungsfreudigkeit (siehe Aussage Nr. 12 in Abbildung 6)

des Chefs priorisiert. Sie erkennen anhand dieses Destillats der drei nervigsten Eigenschaften des Chefs, wie aus einem allgemeinen, in den Gründen ursprünglich diffusen Gefühl des ‚Genervt seins' nun sehr konkrete Handlungsfelder für die aktive Verbesserung der Situation entstehen. Unterstellen wir jetzt einmal, Sie hätten diese Handlungsfelder genauso priorisiert wie in Abbildung 6. Was folgt nun, was ist zu tun? Oder genauer gesagt: Was können Sie jetzt ganz konkret tun?

Sie überlegen nachfolgend, welche Maßnahmen Sie selbst – und nur Sie selbst – umsetzen können, um den drei priorisierten Defiziten entgegenzuwirken. Auch hier gilt es zu vermeiden, sich in einer aufwändigen und komplexen Aktivitätenplanung zu verlaufen. Vielmehr ist das Ziel, sich innerhalb weniger Minuten einen eigenen ‚Plan' zu erstellen, wie man den Defiziten des Chefs konkret begegnen will. Denn das Ziel ist nach wie vor: Der Chef soll zukünftig weniger nerven als heute!

So sieht der 5-Minuten-Plan für den fiktiven Chef aus

Der 5-Minuten-Plan trägt den Zeitbedarf für seine Erstellung in seinem Namen. Denn die von Ihnen abzuleitenden Maßnahmen sollen wie schon erwähnt nicht das Ergebnis eines zeitaufwändigen Prozesses sein. Ihr persönlicher 5-Minuten-Plan soll auch in keinem Projekt enden, welches Ihnen die Energie für Ihre Regelaufgaben raubt. Verstehen Sie es als eine strukturierte Vereinbarung mit sich selbst, aktiv an den Punkten anzusetzen, die Sie besonders nerven. Die Lösung liegt bekanntlich meistens in den kleinen Dingen des Alltags. Hängen Sie sich daher bitte die Latte am Anfang nicht zu hoch. Seien Sie mutig, auch vermeintliche Kleinigkeiten als Maßnahmen zur Reduzierung der Sie nervenden Verhaltensweisen Ihres Chefs aufzugreifen. Denn Sie sind durch die Priorisierung der Punkte in der Lage, sehr zielgenau auf die Sie besonders störenden Punkte einzuwirken. Und Sie werden sehen: Indem Sie fokussiert auf diese Punkte einwirken, werden Sie schnell Ergebnisse bei Ihrem Chef beobachten können. Versuchen Sie es und trauen Sie sich was. Es lohnt sich!

In unserem Beispiel haben wir die drei nervigsten Handlungsfelder des Chefs ermittelt und machen nun den letzten Schritt: Wir legen fest, was wir konkret dagegen tun wollen (siehe Abbildung 7). Und zwar nicht konfrontativ, sondern konstruktiv. Nicht als großes Projekt, sondern als Aktivität im Tagesgeschäft. Wir verstehen den persönlichen 5-Minuten-Plan als Gedankenstütze, was wir anders machen wollen. Wo man ansetzen soll, um selbst etwas zu verändern, anstatt sich nur über das zu ärgern, was nervt. Verstehen Sie den persönlichen 5-Minuten-Plan auch bitte als gutes Gewissen, dass Sie etwas zur Verbesserung der Situation beitragen wollen, und, last but not least, damit Sie sich nicht irgendwann einmal vorwerfen müssen, die Flinte zu schnell ins Korn geworfen zu haben, nachdem Sie die Arbeitsbeziehung zu Ihrem Chef bereits abgebrochen und das Unternehmen oder die Abteilung genervt verlassen haben.

Im nachfolgenden 5-Minuten-Plan sind abschließend für jedes Handlungsfeld Maßnahmen definiert, die den erkannten Defiziten des fiktiven Chefs entgegenwirken (siehe Abbildung 7).

- Handlungsfeld Fachkompetenz (siehe Abbildung 7)

  Ihr Chef ist fachlich nicht sattelfest und hat daher Bedenken, ohne ausreichende fachliche Expertise an der Geschäftsleitungssitzung teilzunehmen. Sie erkennen das und begegnen ihm mit einem sehr ausführlichen Briefing in den relevanten Inhalten. Sie bereiten die mehrseitige Geschäftsleitungspräsentation vor Ihrem Urlaub bestmöglich vor und ergänzen jede Seite der Präsentation mit einem ausführlichen Sprechertext, der die Inhalte Ihrer Präsentation in einer möglichst einfachen Sprache erläutert. Das persönliche Briefing Ihres Chefs führen Sie gemeinsam mit Ihrer Urlaubsvertretung durch. So schlagen sie zwei Fliegen mit einer Klappe: Einerseits erhält Ihr Chef eine fachliche Einweisung in die Inhalte und die Kernaussagen der Ergebnispräsentation, andererseits hört Ihre Urlaubsvertretung im Originalton Ihre Ausführungen zur Präsentation. Im besten Fall sieht Ihr Chef, wie klar und leicht nachvollziehbar die Aussagen sind und wie gut der Termin auch von Ihrer Urlaubsvertretung wahrgenommen werden kann. Mit dem besseren inhaltlichen Verständnis der konkreten Inhalte und den zu treffenden Kernaussagen, sinken auch die Bedenken und Befürchtungen Ihres Chefs, in dem bevorstehenden Termin persönlich schlecht auszusehen.

- Handlungsfeld Gestaltungswille (siehe Abbildung 7)

  Sie zeigen Ihrem Chef mögliche Wege auf, wie er mit der Situation Ihres Urlaubs und seinen Bedenken, sie im Meeting nicht an seiner Seite zu haben, konstruktiv umgehen kann. Oder anders gesagt: Wie er sein gefühltes, hohes persönliches Risiko reduzieren kann. So machen Sie es ihm leichter, mit der Situation umzugehen. Bereiten Sie daher für Ihren Chef drei Handlungsalternativen vor, die seinem mangelnden Gestaltungswillen entgegenwirken und seine Bedenken beseitigen.

  Folgende Handlungsoptionen könnten Sie ihm vorschlagen, um Ihren Urlaub wie geplant antreten zu können:

  - Sie könnten ihm anbieten, zum Beispiel via MS-Teams – also online vom Urlaubsort aus – an der Geschäftsleitungssitzung teilzunehmen und den Vortrag zu halten.
  - Sie könnten ihm auch vorschlagen, den Termin um 14 Tage zu verschieben, bis sie aus dem Urlaub zurück sind, da der Projektstatus qualitativ und terminlich unkritisch ist und eine Terminverschiebung keinerlei Risiken birgt. Das könnte man der Geschäftsleitung mitteilen, um dann den Status 14 Tage später ausführlich im Präsenzmeeting durch Sie vorstellen zu lassen.

- Als dritte Option könnten Sie vorschlagen, die Statuspräsentation durch Ihre Urlaubsvertretung halten zu lassen. Sie könnten bei Ihrem Chef auf die breite und tiefe fachliche Kenntnis Ihres Vertreters in allen projektrelevanten Themen sowie der detaillierten Kenntnis aller projektrelevanten Statusinformationen hinweisen. Kurzum: Ihre Urlaubsvertretung deckt alle Punkte ab, die in der Geschäftsleitungssitzung angesprochen und diskutiert werden könnten.

- Handlungsfeld Entscheidungsfreude

  Legen Sie Ihrem Chef eine klar und eindeutig gegliederte Entscheidungsvorlage auf den Tisch, die die drei oben beschriebenen Handlungsoptionen aufzeigt und die Vor- und Nachteile jeder Option herausstellt. Positionieren Sie sich eindeutig für eine Handlungsempfehlung.

In Abbildung 7 sehen Sie, wie der 5-Minuten-Plan in unserem Beispiel konkret aussehen könnte.

Sie erkennen, dass die Absage oder Verschiebung Ihres Urlaubes auf ihrer Entscheidungsvorlage keine Entscheidungsoption ist. Vielmehr nehmen sie Ihren Chef positiv in die Pflicht, sich für eine der anderen, zielführenden Handlungsoptionen, zu entscheiden.

Sie fragen sich, ob dieses Vorgehen immer erfolgreich sein wird? Nein, vermutlich nicht immer. Aber die Wahrscheinlichkeit ist hoch, dass Ihr Chef darauf einsteigt. Und damit wächst die Wahrscheinlichkeit, dass Sie Ihren Urlaub antreten und genießen können. Auch merkt Ihr Chef in den zwei Wochen Ihrer Abwesenheit, wie gut der Kollege Sie vertritt und das in ihn gesetzte Vertrauen rechtfertigt. Versuchen Sie es! Sie werden sehen: Sie können viel mehr gestalten, als Sie glauben. Ab sofort, wenn Sie wollen.

4.4 Ein Anwendungsbeispiel

Mein persönlicher 5-Minuten Plan — *Beispiel*

Nr.	Handlungsfelder	Maßnahmen

1	Fachkompetenz	• Briefing des Chefs
		  • Ausführliches, proaktives, inhaltliches Briefing unter persönlicher Teilnahme des Urlaubsvertreters
		  • Erstellung eines ausführlichen Sprechertextes zu jeder Seite der Geschäftsleitungspräsentation
		→ fachliche Sicherheit des Chefs erhöhen
		→ Steigerung Fachkompetenz des Chefs

2	Gestaltungswille	• Gestaltungsoptionen (Lösungswege) aufzeigen
		  • Option 1: persönliche Teilnahme an der Sitzung via MS Teams
		  • Option 2: Termin-Verschiebung um 14 Tage unter Bezugnahme auf die inhaltliche und terminliche Unbedenklichkeit der Verschiebung
		  • Option 3: Reguläre Durchführung der Sitzung unter Teilnahme der Urlaubsvertretung an der Sitzung
		→ Steigerung Gestaltungswille des Chefs

3	Entscheidungsfreude	• Entscheidungsvorlage vorstellen
		  • Möglichst kompaktes Entscheidungspapier mit den drei dargestellten Lösungen erstellen
		  • Entscheidungsvorlage persönlich beim Chef vorstellen und auf eine der drei Optionen „bestehen"
		→ Steigerung Entscheidungsfreude des Chefs

Abbildung 7: Mein persönlicher 5-Minuten-Plan – Beispiel

5. Ihr Workbook

		WORKBOOK		
Name:			Datum:	

Mein persönlicher 5-Minuten Check

Nr.	Kompetenz-feld	Das nervt mich an meinem Chef	Antwort ja	Antwort nein
1	Themen-kompetenz	Mich nervt die mangelnde Fachkompetenz meines Chefs		
2		Mich nervt die mangelnde Methodenkompetenz meines Chefs		
3		Mich nervt die mangelnde Branchenkompetenz meines Chefs		
4	Sozial-kompetenz	Mich nervt die mangelnde Verständnisbereitschaft meines Chefs		
5		Mich nervt die mangelnde Kooperationsfähigkeit meines Chefs		
6		Mich nervt die mangelnde Integrationsfähigkeit meines Chefs		
7		Mich nervt die mangelnde Konfliktfähigkeit meines Chefs		
8		Mich nervt die mangelnde Kontaktfähigkeit meines Chefs		
9		Mich nervt die mangelnde Empathie meines Chefs		
10	Handlungs-kompetenz	Mich nervt der mangelnde Gestaltungswille meines Chefs		
11		Mich nervt die mangelnde Ergebnisorientierung meines Chefs		
12		Mich nervt die mangelnde Entscheidungsfreudigkeit meines Chefs		
13		Mich nervt die mangelnde Mobilität meines Chefs		
14		Mich nervt die mangelnde Tatkraft meines Chefs		
15		Mich nervt die mangelnde Belastbarkeit meines Chefs		
16		Mich nervt die mangelnde Risikotoleranz meines Chefs		
17	Personale Kompetenz	Mich nervt die mangelnde Zuverlässigkeit meines Chefs		
18		Mich nervt die mangelnde Loyalität meines Chefs		
19		Mich nervt die mangelnde Einsatzbereitschaft meines Chefs		
20		Mich nervt die mangelnde Lernbereitschaft meines Chefs		
21		Mich nervt die mangelnde Hilfsbereitschaft meines Chefs		
22		Mich nervt die mangelnde Veränderungsbereitschaft meines Chefs		
23		Mich nervt die mangelnde Selbstwahrnehmung meines Chefs		
24	Motivation	Mich nervt die mangelnde Motivation meines Chefs		
25	Erwartungen	Mich nerven die unrealistischen Erwartungen meines Chefs		

Mein persönlicher 5-Minuten Plan

Nr.	Handlungsfelder	Maßnahmen
1		
2		
3		

Abbildung 8: Workbook – Arbeitsblatt (1)

WORKBOOK

Name:	Datum:

Mein persönlicher 5-Minuten Check

Nr.	Kompetenzfeld	Das nervt mich an meinem Chef	Antwort ja	Antwort nein
1	Themenkompetenz	Mich nervt die mangelnde Fachkompetenz meines Chefs		
2		Mich nervt die mangelnde Methodenkompetenz meines Chefs		
3		Mich nervt die mangelnde Branchenkompetenz meines Chefs		
4	Sozialkompetenz	Mich nervt die mangelnde Verständnisbereitschaft meines Chefs		
5		Mich nervt die mangelnde Kooperationsfähigkeit meines Chefs		
6		Mich nervt die mangelnde Integrationsfähigkeit meines Chefs		
7		Mich nervt die mangelnde Konfliktfähigkeit meines Chefs		
8		Mich nervt die mangelnde Kontaktfähigkeit meines Chefs		
9		Mich nervt die mangelnde Empathie meines Chefs		
10	Handlungskompetenz	Mich nervt der mangelnde Gestaltungswille meines Chefs		
11		Mich nervt die mangelnde Ergebnisorientierung meines Chefs		
12		Mich nervt die mangelnde Entscheidungsfreudigkeit meines Chefs		
13		Mich nervt die mangelnde Mobilität meines Chefs		
14		Mich nervt die mangelnde Tatkraft meines Chefs		
15		Mich nervt die mangelnde Belastbarkeit meines Chefs		
16		Mich nervt die mangelnde Risikotoleranz meines Chefs		
17	Personale Kompetenz	Mich nervt die mangelnde Zuverlässigkeit meines Chefs		
18		Mich nervt die mangelnde Loyalität meines Chefs		
19		Mich nervt die mangelnde Einsatzbereitschaft meines Chefs		
20		Mich nervt die mangelnde Lernbereitschaft meines Chefs		
21		Mich nervt die mangelnde Hilfsbereitschaft meines Chefs		
22		Mich nervt die mangelnde Veränderungsbereitschaft meines Chefs		
23		Mich nervt die mangelnde Selbstwahrnehmung meines Chefs		
24	Motivation	Mich nervt die mangelnde Motivation meines Chefs		
25	Erwartungen	Mich nerven die unrealistischen Erwartungen meines Chefs		

Mein persönlicher 5-Minuten Plan

Nr.	Handlungsfelder	Maßnahmen
1		
2		
3		

Abbildung 9: Workbook – Arbeitsblatt (2)

WORKBOOK

Name: Datum:

Mein persönlicher 5-Minuten Check

Nr.	Kompetenzfeld	Das nervt mich an meinem Chef	Antwort ja	Antwort nein
1	Themenkompetenz	Mich nervt die mangelnde Fachkompetenz meines Chefs		
2		Mich nervt die mangelnde Methodenkompetenz meines Chefs		
3		Mich nervt die mangelnde Branchenkompetenz meines Chefs		
4	Sozialkompetenz	Mich nervt die mangelnde Verständnisbereitschaft meines Chefs		
5		Mich nervt die mangelnde Kooperationsfähigkeit meines Chefs		
6		Mich nervt die mangelnde Integrationsfähigkeit meines Chefs		
7		Mich nervt die mangelnde Konfliktfähigkeit meines Chefs		
8		Mich nervt die mangelnde Kontaktfähigkeit meines Chefs		
9		Mich nervt die mangelnde Empathie meines Chefs		
10	Handlungskompetenz	Mich nervt der mangelnde Gestaltungswille meines Chefs		
11		Mich nervt die mangelnde Ergebnisorientierung meines Chefs		
12		Mich nervt die mangelnde Entscheidungsfreudigkeit meines Chefs		
13		Mich nervt die mangelnde Mobilität meines Chefs		
14		Mich nervt die mangelnde Tatkraft meines Chefs		
15		Mich nervt die mangelnde Belastbarkeit meines Chefs		
16		Mich nervt die mangelnde Risikotoleranz meines Chefs		
17	Personale Kompetenz	Mich nervt die mangelnde Zuverlässigkeit meines Chefs		
18		Mich nervt die mangelnde Loyalität meines Chefs		
19		Mich nervt die mangelnde Einsatzbereitschaft meines Chefs		
20		Mich nervt die mangelnde Lernbereitschaft meines Chefs		
21		Mich nervt die mangelnde Hilfsbereitschaft meines Chefs		
22		Mich nervt die mangelnde Veränderungsbereitschaft meines Chefs		
23		Mich nervt die mangelnde Selbstwahrnehmung meines Chefs		
24	Motivation	Mich nervt die mangelnde Motivation meines Chefs		
25	Erwartungen	Mich nerven die unrealistischen Erwartungen meines Chefs		

Mein persönlicher 5-Minuten Plan

Nr.	Handlungsfelder	Maßnahmen
1		
2		
3		

Abbildung 10: Workbook – Arbeitsblatt (3)

6. Nachwort

Ich wünsche Ihnen viel Erfolg bei allem, was Sie zukünftig mit Ihrem Chef erleben. Dieses Buch wird Ihnen helfen, zukünftig besser mit Ihrem Chef klarzukommen. Zwar gibt es keine Bedienungsanleitung für den Umgang mit nervigen Chefs. Die in diesem Buch vorgestellten 20 Erfolgsfaktoren werden aber ab sofort Ihr persönlicher Scheinwerfer sein, mit dem Sie Ihre Führungssituation viel heller als bisher ausleuchten können. Und Sie werden auch zukünftig viel schneller erkennen, was Sie im Einzelnen an Ihrem Chef nervt. Das versetzt Sie in die Lage, bei den erkannten Handlungsfeldern konkret anzusetzen. Ohne großen Aufwand. Pragmatisch. Fokussiert.

Das Workbook ist ab sofort Ihr Werkzeug, mit dem Sie arbeiten können, an sich und vor allem an Ihrem Chef. Bitte entwickeln Sie aus den 20 Erfolgsfaktoren zum Umgang mit nervigen Chefs Ihre ganz persönliche Erfolgsgeschichte im Umgang mit Ihrem Chef. Der Erfolg liegt in Ihren Händen – Sie schaffen das!

Ihr Thomas Gawron

Sachwortregister

Analytischer Typ 66 f.
Anerkennung 76 f.
Ansehen 117 f.
Arbeitsfreude 73 f.
Auftreten 88 ff.
Aussehen 27 ff.

Belastbarkeit 52 f.
Bezahlung 75 f.
Branchenkompetenz 33

Drucksituation 15

Einsatzbereitschaft 58 f.
Emotionale Intelligenz 44 ff.
Empathie 43 f.
Empathielosigkeit 22, 43
Entscheidungen 97 ff.
Entscheidungsfreude 20, 49 f., 134 f.
Ergebnisorientierung 47 f.
Erwartungen 86 ff., 123 f., 130

Fachkompetenz 33, 133, 135
Fachwissen 32 ff.
Freiheiten 102 ff.
Führungshandeln 23

Geruch 31
Gestaltungswillen 46 f., 133, 135

Handlungsfelder 125, 127
Handlungskompetenz 46 ff., 123 f., 130
Hilfsbereitschaft 60 f.

Integrationsfähigkeit 39
Interessen 65 ff.
IT-Kompetenz 35

Jobanforderungen 22

Karriere 118 f.
Kommunikation 16, 95 ff.
Kompetenzfelder 36, 123, 130, 132
Konfliktfähigkeit 40
Konfliktsituation 19
Kontaktfähigkeit 42
Kooperationsfähigkeit 38
Kooperationsorientierter Typ 69 f.
Körperform 28
Körperhaltung 29
Körpersprache 17
Kostendruck 15
Kreativer Typ 70 ff.
Kreativität 105 ff.
Kulturelle Rahmenbedingungen 83 f.

Lernbereitschaft 59 f.
Loyalität 57 f.

Methodenkompetenz 21, 34
Mimik 29
Mitarbeiterwohl 19
Mobilität 50 f.
Monetäre Rahmenbedingungen 81 ff.
Motivation 72 ff., 123 f., 130

Performance 112 ff.
Personale Kompetenz 55 ff., 123 f., 130
Personelle Rahmenbedingungen 78 ff.

Risikotoleranz 53 ff.

Selbstregulierung 64 f.
Selbstwahrnehmung 63 f.
Sinn der Arbeit 74 f.

Sachwortregister

Sozialkompetenz 37 ff., 123 f., 130
Stimme 31
Strukturelle Rahmenbedingungen 80 f.

Tatkraft 51 f.
Themenkompetenz 123 f.
Technikkompetenz 21

Umsetzer-Typ 67 ff.

Veränderungsbereitschaft 61 ff.

Verständnisbereitschaft 37
Vertrauen 99 ff.

Wahrnehmung 17
Workbook 136 ff.

Zeit 107 ff.
Zeitdruck 16, 18
Zeitliche Rahmenbedingungen 84 f.
Ziele 109 ff.
Zuverlässigkeit 56 f.

Thomas Gawron

Die digitale Führungskraft
Erfolgreiche Mitarbeiterführung in der digitalen Transformation mit dem MAESTRO-Führungsansatz

Die Untersuchung greift das zentrale Problem von Führungskräften auf: die Erfolgsrezepte bisheriger Mitarbeiterführung werden in der digitalen Transformation zunehmend wirkungslos. Zudem ist das bisherige Führungsverhalten an die neuen Anforderungen der digitalen Transformation anzupassen. Bisherige Führungserfahrungen und viele bereits bisher genutzte Führungswerkzeuge müssen in ein ganzheitliches, neues Führungsverständnis überführt werden. Das Führungsverständnis der ›Digitalen Führungskraft‹. Das vom Autor entwickelte MAESTRO-Führungsmodell zerlegt dazu traditionelle und zukünftige Führung in ihre (gemeinsamen) Erfolgsbestandteile und holt auf diese Weise den Leser dort ab, wo er aktuell steht. Auf dieser Grundlage entwickelt der Autor Schritt für Schritt, sehr konkret und umsetzungsorientiert, wie man als Führungskraft das Führungsverhalten in der digitalen Transformation verändern kann, um sich zur erfolgreichen, digitalen Führungskraft weiterzuentwickeln.

zahlr, teilw. farb. Abb. 345 Seiten, 2022
ISBN 978-3-89673-768-7, geb., € 34,90
Titel auch als E-Book erhältlich.

Edition Wissenschaft & Praxis